JN439407

화해

현대수필가100인선 · 41

화해

오경자 수필선

좋은수필사

▩ 책머리에

수필은 누구나 부담 없이 읽고, 마음만 먹으면 직접 쓸 수도 있는 가장 친근한 문학이다. 다른 영역의 문학이 영상매체에 밀려 신음하고 있는 중에도 수필 인구만은 날로 증가하여 바야흐로 수필 전성시대를 구가하고 있는 이유도 거기에 있을 것이다.

시대적 추세에 힘입어 수많은 수필전문지, 수필동인지가 창간되고, 이에 비례하여 신진 수필가도 날로 늘어나다 보니 이제는 그 많은 작가, 그 많은 작품 중에서 문학성 높은 작품을 가려 읽는 일이 쉽지 않게 되었다. 이런 현상은 작가에게나 독자에게나 결코 바람직한 일이 아니다. 더 나아가서는 수필을 연구하는 후세들에게도 큰 부담이 될 것이다.

이런 문제를 해결하는 데는 출판인도 마땅히 한몫을 감당해야 한다는 평소의 소신에 따라, 본사가 기꺼이 그 역할을 맡기로 했다. 그 첫 번째 사업으로 시대를 대표할 만한 수필가 100인을 선정하고, 작가가 자선한 40편 내외의 작품을 수록한 문고본을 발간하여 이를 널리 보급함으로써 그 소임을 다하고자 한다.

본사는 사명감을 가지고 이 사업을 추진해 나가기로 했다. 작가 선정을 전담할 편집위원회를 구성하고 전권을 위임하여 일체의 사적인 정실이나 청탁을 배제함으로써 전문성과 공

정성을 확보해 나갈 것이다.

따라서 이 기획물 속에는 작가의 문학정신뿐만 아니라, 본사의 문학사적 기여 의지와 편집위원 제위의 수필문학에 대한 애정과 문인으로서의 양심이 함께 담겨 있음을 자부한다. 다만, 작가를 선정하는 기준에는 많은 견해의 차이가 있을 수 있고, 선정 과정에서도 미처 챙기지 못한 부분이 있을 것이라는 사실만은 인정하지 않을 수 없다. 이 점에 대해서는 관계자 여러분의 양해 있으시기 바란다.

이 시리즈의 발간 순서는 작가, 또는 본사의 사정에 의한 것일 뿐 그 밖의 어떤 기준도 적용하지 않았음을 밝힌다.

본 기획물이 시대를 초월한 많은 수필 애호가들의 관심과 애정 속에 우리나라 수필문학 발전에 한 이정표가 되기를 바랄 뿐이다.

2009년 4월

좋은수필 발행인 서 정 환
현대수필가 100인선 간행 편집위원 박 재 식 최 병 호
정 진 권 강 호 형
변 해 명

1_부

2_부

3_부

4_부

1부

야주개夜照介 옛집

새문안에 있는 역사박물관에서 열린 〈중국 국보전〉을 관람하고 나오는 길에 친구가 예약해 놓았다는 세종문화회관 근처 식당으로 향했다. 8월 한낮의 내려쬐는 햇볕 속을 걸어 일곱 명의 친구들과 식당 앞에 도착했을 때, 여기 옛날 나 살던 동네인데……. 하는 탄성이 내 입에서 터져나왔다. 살던 집이 어디냐는 친구들의 물음에 야주개 길과 세종문화회관 옆 골목이 마주치는 작은 교차로를 손가락질하고는 앞장서서 식당으로 들어갔다.

식탁에 둘러앉자마자 예약된 음식이 나오기 시작했다. 친구들은 음식에 허겁지겁 매달리랴, 방금 보고 온 중국 유물 이야기 하랴, 그 동안 쌓인 여러 가지 사연을 털어놓으랴, 모두 정신이 없어서 우리 집 이야기는 다시 꺼내지 않았다. 식당에서 나오자 친구들은 지하철 엘리베이터를 타러 길을 건너갔다. 나도 함께 길을 건넜으나 엘리베이터 안에서 어서 타라고 손짓하는 친구들에게 잘 가라고 손을 흔들었다.

엘리베이터가 내려가자 그 옆 나무 그늘 아래에 만들어 놓은 대리석 벤치에 올라가 앉았다. 작은 교차로에는 자동차의 흐름이 끊이지 않고 이어지고 있고 사람들도 끊임없이 이쪽저쪽으로 길을 건너며 부산하게 걷고 있었다. 그 옛날 50년대에도 오가는 사람이 많던 아주개 골목이었으니 지금은 오죽 복잡할까. 그들 수많은 차와 사람들 모두는, 우리 할아버지와 할머니가 쓰시던 안방과 우리 내외가 신혼 생활을 시작했던 건넛방과 우물마루 대청과 남동생이 공부하던 뒷방과 큰고모 내외와 다섯 아이들의 꿈이 자라던 사랑채까지, 우리 집터 50평 전체를 밤낮 없이 짓밟고 차바퀴로 뭉개고 있는 것이다. 아무런 생각 없이 그저 시간에 쫓겨 달리고 있는 것이다. 우리 가족의 꿈을 담고 있던 저 터전은 지금 무슨 생각을 하고 있을까. 그 품안에 보금자리 치고 살던 우리 가족의 기억을 조금이라도 간직하고 있는 걸까.

당주동 50번지. 이 집에서 살던 시절의 가슴 아픈 기억들이 머릿속에 떠오르자 가슴속에 차오르는 슬픔이 목울대를 넘어 터져 나올 것 같았다. 궁색한 생활을 면해보려고 서대문 밖의 집을 줄여 이사를 왔으나 지금과 달리 인플레가 심해 돈의 가치가 나날이 떨어지는 현실을 나이 드신 할머니 혼자 감당하기엔 너무 힘이 들었다. 할아버지는 피난지에서 뇌경색으로 쓰러져 반신이 심하게 마비되어서 할머니는 생활비를 마련하랴, 조석 식사는 물론 그 작은 몸피로 온몸의 힘을 놓아버린 천근같이 무거운 할아버지를 일으키고 눕히고 세 끼 식사 수발하고 대소변 처리하고 씻기는 일을 해내셨다. 내가 지금 대단한 효녀나 되는 듯 두 분을 생각하며 가슴 아파하고 있으나, 사실 그 시절의 나는 부엌 시중은커녕 마루 걸레질 한 번 해본 적 없는 얌통머리 없는 계집애였다. 그런 매몰찬 성격의 나였기에 전보다 조금 철이 든 듯한 요즈음 옛일을 되새길 때마다 회한에 떨고 있다.

당주동 50번지로 이사하자마자 할머니는 큰 걱정거리를 갖게 되셨다. 밤이나 낮이나 늘 그 문제로 애절초절하셨다. 이 노릇을 어쩌면 좋으냐고, 할머니는 하루에도 여러 차례 내게 의논하셨고 만나는 사람마다 붙잡고 하소연하였으나 누구도 시원한 대답을 할 수 없는 일이었다. 서울 시청에도 여러 차례 찾아가서 도면까지도 확인하신 것 같았다. 그 내용은 서울 시청과 사직단을 연결하는 방사선도로의 계획선 안에 우리 집이 들어 있는데 우리는 그 사실을 모르고 집을 산 것이다. 전 주인과 복덕방에게 속아서 집을 샀다는 것이다. 집을 계약하고 잔금을 치르고 명도를 받는 모든 과정을 할머니를 모시고 다니며 참례했던 나는, 전 주인 아주머니가 늘 상글상글 웃으며 우리를 친절하게 대했던 것이 다 이유가 있었구나 하고 애꿎은 사람을 원망했고, 이것 보세요, 앞뒤 부연 달렸죠, 앞마당 뒷마당 사랑마당에다가 길목 좋구요, 저 위 검춘교 시장이 엎어지면 코 닿을 데라 장보기 좋죠, 아주 상등 집입니다, 상지상이에요, 하고 너스레를 떨던 집주름 영감이 괘씸해서 복덕방 앞을 지날 때마다 눈을 흘겼다.

지금은 그럴 경우 오히려 보상금을 많이 받아 시골 사람들도 큰 부자가 되어 강남의 땅값을 올리는 데 한몫하고 있다지만, 그 시절에는 도시계획이라는 단어도 들어보지 못한 처지에 보상금도 적게 나와 낭패를 본다는 소문이 떠돌고 있었다. 할머니는 자신을 억누르는 생활의 고통을 모두 잊을 정도로 그 후 수년 동안 도시계획 걱정을 하셨다. 사람마다 제각각 타고난 팔자가 있다면, 집터에도 팔자 같은 것이 있는 모양이다. 그래서 도시 계획안이 백지화된 후에도 결국 저 집터는 네거리 한가운데에 나앉게 된 게 아닐까.

할아버지는 병환이 나신 지 십 년이 되는 해 늦가을에 돌아가셨다. 이듬해 봄에 할머니는 집을 팔고 아주개를 떠나셨다. 손에 남은 것은 고등학생인 남동생이 대학 공부를 마치게 할 정도의 돈이었다. 그 무렵 할머니는 현재의 나와 같은 연배의 노인이셨으므로 우리와 살림을 합치는 수밖에 방도가 없었다. 할아버지는 이 집에서의 7년 동안 안방 아랫목 한 자리만 지키다 가셨다. 대청마루에도 나앉으신 적이 없는 것 같다. 병든 노인이니 그저 그러려니 하고 그 분의 고통을 전혀 헤아리지 못한 나는 이제 뒤늦게 머리말의 벽이라도 뚫어 작은 들창이라도 내서 바깥세상, 골목을 오가는 사람들의 모습이라도 내다보시게 했더라면 얼마나 좋았을까, 하고 때늦은 후회를 하고 있다.

우리가 나온 식당과 보금장이라는 금은방 사이에 난 골목이 광화문 네거리에서 우리 집으로 이어지는 길이다. 예전에는 자그마한 한옥들로 이어진 길이었고 간살이 넓고 처마가 낮은 대감집이라고 불리던 구옥도 있었으나 이제는 골목은 좁아지고 지저분한 작은 식당에서 내놓은 그릇들과 허섭쓰레기와 간판들로 발을 들여놓기도 께름칙한 길이 되었다. 지프차 정도는 무난히 드나들던 길이었는데…….

광화문 네거리에서 서북쪽으로 뚫린 길은 세 갈래가 있었다. 현대빌딩 뒷길인 도렴동 길은 종교교회 앞으로 이어졌었는데 세종문화회관 주차장이 가로막혀 끊어져 버렸다. 잘 정비된 야주개 길은 옛날보다 더 넓고 곧게 뚫려 우리 집터를 지나 세종문화회관 뒤로 곧게 뻗어 종교교회 앞까지 이르고 있다. 야주개 옛길의 일부는 아직도 남아 있다. 새로 난 길을 따라가면 길이 양 갈래로 갈라지는 곳이 있는데 그 왼쪽 길이 야주개 옛길이다. 그 길은 큰 빌딩의 주차장에 막혀 끊어진다. 그 위쪽에도 그런 갈림길이 있는데 그 길은 옛날같이 서울 치안본부 쪽으로 이어진다. 도렴동 길과 야주개 길 사이 제과점 옆 좁은 골목이 우리 집이 있던 당주동 골목이다. 여러 해 전 남편과 함께 이 일대를 둘러보고 감회에 잠긴 일이 있었다.

벤치에서 일어나 나무 그늘 밖으로 나서서 주위를 둘러보았다. 우리가 이사 왔을 때 세종문화회관 터는 전쟁으로 상처 입은 넓은 빈터였다. 휴전회담이 끝나고 포로 교환을 할 때 북에 잡혀갔던 유엔군과 국군 병사들을 휴전선에서 헬리콥터에 태워다 내려놓던 장소가 이 빈터였다. 매일 수많은 사람이 모여들어 헬리콥터에서 내리는 귀환 장병들을 박수와 환호성으로 맞아들였다. 동생들은 끼니때가 된 것도 잊고 날이 어두워져 하루 일이 끝날 때까지 박수를 치며 온 동네를 뛰어다녔다.

아주개 길 건너 내수동 쪽은 옛날 집들이 거의 사라지고 높은 사무용 빌딩과 아파트 숲으로 변해버렸다. 내수동에 살던 학교 친구들, 석태 영옥 숙자 학주 언니 문혜 언니는 오래 전에 미국으로 이민가서 제각각 자리잡고 잘 살고 있다. 이따금 고향에 돌아올 때면, 옛집은커녕 집터가 어디쯤이었는지라도 알고 싶다고 하소연한다. 그 친구들과 비교하면 비록 네거리에 나앉았어도 집터가 어디쯤인지 알고 있는 내 처지가 다행스러운 것이 아닐까.

오래 전부터 이곳을 지날 적마다 솟구치던 충동을 실행해 보려고 길을 건너갔다. 터가 잘려나가 세모꼴로 남은 보금장 터는 얌전한 과수댁 할머니가 살던 바로 우리 옆집 터이다. 옆집과 우리 집 사이에는 실골목이 있었다. 그 여름에서 시작하여 우리 집 사랑채 변소, 사랑채 대문간, 사랑채 광, 안채 문간방, 안채 대문간, 그리고 부엌, 그 다음이 안방 하며 골목의 연장선상에서 칸마다의 길이를 보폭으로 재며 걷다보니 어느 틈에 교차로를 반 너머 가로지르고 있었다. 차들이 멈춰 섰고 창밖으로 고개를 내미는 운전사와 눈길이 마주치기도 했다. 클랙슨 소리도 들렸다. 그래도 멈춰선 차 앞까지 바투 다가가며 뒷방 모퉁이에 점을 찍고 인도로 물러섰다. 차의 소통이 좀 너누룩해지면 다시 나머지 세 변을 마저 그려 당주동 50번지의 집터 전체를 확인해볼 생각으로 따가운 8월 햇볕 아래 입을 꼭 다물고 서 있었다.

(2007 에세이 문학)

물맞이

마른장마가 계속되고 있다. 보름 전부터 장마철에 들어섰다는 예보가 있었으나, 그 동안 장마철답게 비가 내린 적은 없다. 잔뜩 찌푸린 날이 며칠 계속되다가 소나기가 잠깐 뿌려 매연과 무더위를 씻어내고 숨통을 틔워주는 정도이다. 아침 일을 대강 마치고, 호두나무 그늘이 서늘하게 드리운 창가에 앉아 조간신문을 펼친다. '오늘은 초복'이란 글귀가 눈길을 끈다. '어느새 초복이구나.' 의식은 초복初伏이라는 두 글자에 실려 먼 곳으로 날아오른다.

요즈음은 사라졌지만, 내가 자랄 때만 해도 서울에는 삼복에 물을 맞으러 다니는 습속習俗이 남아 있었다. 할머니는 여름철마다 거르지 않고 물을 맞으러 다니셨다. 물맞이는 할머니 생활의 한 부분으로 자리잡고 있어서, 정이월에는 반드시장을 담근다든가, 조기가 알을 슬기 시작하는 사월 초파일 전에 조기젓을 담그고 굴비를 말린다든가, 입동立冬이 지나면 서둘러 김장을 담그는 것과 같은 중요한 연중행사의 하나였다.

할머니의 물맞이는 해마다 초복 날 시작되어 말복末伏이나 백중百中 날 끝났다. 초복, 중복, 말복, 백중, 한 해에 서너 번씩 할머니가 물을 맞으러 찾아가는 곳은 정릉貞陵 뒷산 골짜기였다. 집안에서만 지내 친구가 없던 할머니는 나를 동무삼아 데리고 다니셨다. 정릉 쪽이 개발되기 전인 해방 전후의 일이다.

체구는 작으나 강단이 대단하셨던 할머니는, 여름밤이면 거르지 않고 목욕을 하셨는데 수돗물은 미지근해서 하나마나라고 하시며 뒤뜰에 나가 우물물을 퍼 올려 끼얹곤 하셨다. 이런 분이셨기에 물 맞으러 다니기를 그토록 좋아하셨던 모양이다.

초복이 오면, 부엌을 드나드는 할머니 치맛자락에서 다른 날과 같지 않은 들뜬 분위기를 느끼곤 했다.

출발 채비를 마치면, 집 앞 큰길에서 전차를 타고 돈암동 종점까지 갔다. 그곳에서 정릉까지는 걸어서 갔는데, 지금은 버스 한두 정거장 거리인 그 길이 왜 그렇게 멀게 느껴졌던지……. 백토가 깔린, 훤하게 새로 뚫어놓은 신작로 위에 하얗게 부서지던 햇볕 탓이었는지, 아니면 할머니와 나누어 든 점심거리가 담긴 보따리 무게 때문이었는지 알 수 없다.

신흥사 못 미처 언덕길에 닿으면 한숨 돌리려고 쉬곤 했는데, 어느 날인가는 왜 힘들게 물 맞으러 다녀야 하느냐고 할머니께 투정하듯 물은 일이 있다.

할머니는 삼복에 산에서 떨어져 내리는 정기어린 물을 맞으면, 땀띠도 쑥 들어가고 일 년 내내 부스럼도 안 나고 가려움증도 없어지며, 감기도 들지 않고 팔다리가 쑤시는 신경통도 낫게 된다고 확신에 찬 목소리로 일러주셨다. 사실, 그 이야기는 한두 번 들은 것이 아니었지만, 어린 내게는 전혀 이해되지 않았다.

이제 와서 생각해 보면, 물맞이는 가정이라는 울안에 갇혀 지내던 옛 여인들에게는 피서와 나들이를 겸해 집안일에서 풀려나는 한 방법이었던 모양이다. 애써 의미를 붙이려던 육체적 치료법이기보다는, 스트레스를 푸는 정신요법 쪽에 무게를 더 두어야 하는 것이 아닐는지…….

신흥사 경내에 들어서 오른쪽으로 돌아 절의 큰방 앞을 지나면 길은 정릉으로 이어졌다. 절과 능과 계곡이 통해 있어서 쉽게 산에 오를 수 있었다.

매미 소리 요란한 산길을 얼마 오르지 않아, 계곡물이 모여 바위 아래로 떨어지는 작은 폭포를 만나게 된다. 그런 곳이 골짜기 안에 몇 군데 더 있던 것으로 기억되는데, 한 길이 넘는 바위가 삼면에 둘러져 두세 명이 들어서 물을 맞기에 안성맞춤인 자리였다. 여인들은 좋은 자리를 차지하려고 일찍 왔기 때문에, 할머니는 언제나 집을 떠날 때부터 나를 재촉하셨다.

알맞은 곳에 자리를 잡으면 할머니는 우선 샘물을 떠다 미역을 감으셨다. 그런 후에야 비녀를 뽑아 쪽을 풀어 내리고 모시적삼과 치마와 버선을 벗어 정淨한 보에 싸놓고, 땀받이 속적삼과 속곳 바람으로 냇물에 발을 담그셨다.

“밤 들어갈라. 보자기를 꼭 잡아 매거라.”

옷을 벗는 나를 향해 할머니는 늘 같은 말로 이르셨다. 그러고는 머리와 가슴에 물을 적시고, 수건을 축여 등에 두르고 폭포 속으로 들어서셨다. 나도 속치마만 입은 채 할머니 손에 이끌려 물줄기 속으로 따라 들어갔다. 쏟아져내리는 물줄기는, 머리와 어깨와 등으로 사정없이 퍼부어 눈을 뜰 수도 숨을 쉴 수도 없어 흑흑 흐느끼기만 했다.

한 차례 물을 맞고 나오면 더위는 씻은 듯 가시고 오히려 몸이 덜덜 떨렸다. 할머니 입술은 가지색으로 변했고, 할머니 틀니 부딪는 소리와 내 이 마주치는 소리가 요란했다.

얼마 지나지 않아, 나뭇잎 사이로 비쳐드는 따가운 불볕에 한기는 가라앉고 속옷도 이내 말랐다.

적수탕滴水湯 주변에는 돌멩이를 놓아 만든 불터가 있었다. 삯을 받고 밥을 지어주는 사람이 있었으나, 할머니는 남들이 쓰고 나서 자리가 나면, 미역국을 끓이고 그 국물에 밀반죽을 뜯어 넣어 수제비를 만드셨다. 여러 차례 떨고 나서 먹는 뜨거운 수제비는 맛이 좋았다. 고기나 화학조미료 없이 간장만으로 간을 맞춘 수제비가 그렇게 맛이 있을 수가……. 갓 버무려 가져간 열무김치, 쪽쪽 찢어놓은 오이지, 비늘을 긁어 백지에 싸간 굴비와 물에 만 찬 보리밥도 별미였다.

점심을 먹고 나면, 귀가 아프게 울어대는 매미와 쓰르라미를 찾아 주변을 살피고 다녔고, 냇물 속의 돌을 들춰가며 가재도 잡았다.

때때로, 산에 온 젊은 남자들이 기웃거리다가 여인들의 나무람에 놀라 도망치곤 했다. 그 시절 서울 여인은 그런 곳에서 노래를 부르거나 춤을 추는 일은 없었고, 경건한 의식을 치르듯 물맞이에만 정성을 쏟았다.

할머니는 긴 여름 해가 산마루를 넘어 골짜기에 서늘한 기운이 돌 때까지 몇 번이고 물에 들어가시곤 했다. 물줄기 속에 서서는 염불을 외우느라 중얼중얼 신음소리 같은 것을 냈는데, 그럴 때면 살그머니 다가가서 속적삼 도련 밑에 내비치는 단단하게 굳어진 까만 젖꼭지를 만지며 해해거렸다.

할머니는 오래 전에 세상을 떠나셨다. 물맞이 풍습도 언제부턴가 사라져버렸다. 개발로 인한 분별없는 자연 파괴와 새로운 여름놀이 문화가 생긴 것이 원인일 것이다.

지금도 어딘가 깊은 산골 마을에는 물맞이 풍습이 남아 있으리라는 기대를 가져본다. 그곳에는 점심 보따리를 달랑거리며 할머니 손을 잡고 산길을 오르는 단발머리 소녀도 있을 거라고 기대해 본다.

오늘 저녁상에는 할머니가 복날이면 하시던 대로 대추와 수삼과 찹쌀을 넣은 영계백숙을 마련해 놓고 가족을 맞이야겠다.

(1992년 현대문학)

진달래꽃

봄비가 내린다.

은실비가 내린다.

빗발이 가늘고 고와서 창밖으로 손을 내밀어 보아도 젖는 줄을 모르겠다. 나뭇잎과 가지 끝에 매달린 빗방울을 보고서야 비가 내리고 있는 것을 알 수 있다.

은실비에 젖어 건넛집 지붕의 붉은 기와는 윤기가 돌고, 겨울 먼지가 덮여 지저분하던 정원석도 반지르르하다. 내 가슴도 촉촉이 젖어든다. 가슴 밑바닥 깊은 곳에서 무언가가 부풀어 오르는 것만 같다. 내게도 이런 따사로움이 남아 있었나 하고 고개를 갸웃해 본다.

빗발이 가늘다고는 해도 마당 한 구석에 소담스럽게 피어난 진달래꽃을 지게 할까 마음 졸인다. 내 조바심과는 달리, 진달래꽃의 연분홍 꽃잎은 빗방울이 맺혀 있어서인지 싱싱해 보이고 생명력이 넘쳐나는 듯하다. 한동안 꽃을 더 즐길 수 있을 것 같은 생각이 들자 마음을 놓는다.

진달래는 보름 전에 첫 꽃을 피웠다. 겨울이 여느 해보다 덜 춥더니 작년보다 나흘이나 앞당겨 꽃을 피웠다. 앵두꽃도 목련꽃도 개나리도 채 피어나지 못한 싸늘한 아침에 진달래만이 축대 밑 그늘에서 꽃을 피운 것이다.

연분홍색 여린 진달래 꽃잎은 잔부끄럼을 많이 타는 새색시 모습이다. 서로서로 얼굴을 마주 비비며 피어난 꽃을 보면, 나도 모르는 새 가까이 다가가 그들의 속살거림에 귀를 기울이게 된다. 나이가 들면 들수록 진달래꽃의 고운 자태는 가슴 깊이 스며드는 그리움으로 다가온다. 돌아가신 할머니 모습을 떠올리게 되고 한없는 그리움에 싸인다.

얼굴이 어른어른 비칠 만큼 광을 내어 닦은 놋대야에 미지근한 물을 담고 분홍물감 주머니를 살짝 흔들어 물감을 풀어 흰 명주 천에 연분홍 물을 들이시던 내 할머니. 홍두깨에 말아 다듬잇살을 올린 명주 천에는 아롱아롱 고운 바탕무늬가 피어나곤 했다. 할머니는 안팎을 연분홍 명주로 마름질하여 햇솜을 얇게 둔 저고리를 지으시고 깡동치마도 만드셨다. 단발머리에는 연분홍색 리본을 곱게 접어 꽂아주셨다. 마냥 좋기만 해서 나풀대며 뛰놀던 내 모습이 할머니한테는 봄날이면 앞뜰에 피어나던 진달래꽃만큼 곱게 비쳤으리라.

해마다 3월 삼짇날이 오면 할머니는 화전을 부치셨다. 채반을 들고 뜰에 내려가 진달래꽃을 따오는 일은 언제나 내 몫의 일이었다. 삼짇날 무렵이면 진달래꽃이 이울 때이므로, 시들지 않은 옹근 꽃을 따려고 작은 손은 꽃 덤불 속을 여기저기 더듬곤 했다.

오늘은 나도 화전을 부치기로 한다. 찹쌀가루 반죽을 만들어 놓고, 뜰에 내려가 비에 젖은 진달래꽃을 따서 채반에 담는다. 꽃받침을 떼어내고 꽃술을 빼고 나니, 나무에서 본 것과는 달리 연한 청보라 색이 섞여 보인다.

"아이 고와라."

등뒤에서 며느리가 감탄하는 소리가 들려온다. 진달래꽃을 아름답다고 말하는 사람은 만나보지 못한 것 같다. 진달래꽃에는 '곱다'라는 말만이 잘 어울린다.

며느리와 마주 앉아 화전을 빚는다. 며느리는 입술을 오므리고 찹쌀반죽에 꽃잎을 꼭꼭 눌러 붙인다. 잰 손놀림이 사랑스럽다. 손자 녀석들도 달려들어 참견을 한다. 잔칫상이라도 차리는 듯이 아이들은 흥이 나서 어쩔 줄 모른다. 저희들도 반죽을 떼어 새알을 만들고 손가락을 고물거려 판판하게 한 다음 꽃을 집어 반죽에 예쁘게 눌러 붙인다. 유치원생인 큰 녀석은 곧잘 만든다. 작은녀석은 형을 곁눈질하며 제법 따라 하는 시늉을 한다. 며느리는 아이들에게 너희가 만든 것은 너희가 먹어야 한다고 다짐을 둔다.

꿀을 얹은 따끈따끈한 화전은 입 안에서 사르르 녹아버릴 듯 맛이 좋다. 큰손자 녀석은 접시에 입을 대고 후후 불어가며 먹는다. 진달래꽃 맛이 나지 않는다고 고개를 연신 갸웃거린다. 작은 녀석은 뜨겁다며 침만 삼킨다.

"할머니, 이젠 꽃 맛을 알 것 같아요. 이 좋은 맛이 진달래꽃 맛이지요."

한 접시를 다 비운 큰녀석이 입맛을 다시며 인사치레를 한다. 여러 가지 인스턴트 먹을거리에 익숙한 아이 입맛에 화전은 어떻게 느껴졌을까.

봄비가 그쳤다. 잿빛 하늘 한 귀퉁이가 열리며 볕이 났다. 가지 끝에 매달린 빗방울이 햇살을 받아 반짝거린다. 나들이를 하려고 거울 앞에 앉는다.

거울에 비치는 내 모습은 예전에 할머니 눈에 비쳐졌던 진달래꽃같이 고운 모습은 아니다. 아직은 진달래꽃을 즐길 줄 아는 나이든 여자가 거울 속에 앉아 있을 뿐이다. 분가루를 듬뿍 묻힌 분첩으로 얼굴을 다독거리고 진달래색 볼연지를 발라 꽃처럼 피어나도록 화장을 해본다. 분과 연지를 칠할수록 주름살은 더 드러나고 흰 머리칼은 앞다투어 일어선다. 허전한 마음을 다독이려고 분첩을 손에서 놓지 못한다. 내가 진달래꽃처럼 곱지 않은들 어떠랴. 이제 곱게 보아주실 할머니도 곁에 계시지 않은데…….

십수 년간 타국생활을 하다 고국을 찾아온 친구를 만나러

나가는 길이다. 낯선 얼굴, 낯선 풍물, 살아도 살아도 정들지 않는다는 남의 땅에서 뿌리내리느라 친구는 긴 세월 동안 진달래꽃을 보지 못했을 거라는 생각이 든다. 친구가 사는 그곳에는 색깔이 짙고 모양이 화려하거나 향기가 진한 꽃은 많이 있어도 진달래꽃처럼 고운 꽃은 없으리라. 친구에게 안겨줄 선물로 진달래 꽃다발을 생각해 본다. 옷장 문을 열고 연분홍색 블라우스를 찾는 손이 떨고 있다.

비갠, 맑고 푸른 하늘 아래로, 물기 머금은 진달래꽃 한 묶음을 흔들며 집을 나서는 발걸음이 가볍기만 하다.

(1994년 현대수필)

명주실 두 타래

시립 미술관에 들른 길에 주변을 둘러보았다. 어린 시절의 추억이 어린 곳이라 감회가 새롭다.

이곳저곳을 서성이다 전에 교장 사택이 있던 언덕을 돌아 내려왔다. 계단 위에 농익은 오디가 널려 있었다. 위를 올려다 보았다. 두어 길 되는 뽕나무에 오디가 까뭇까뭇 달린 것이 보인다. 전에는 보지 못한 뽕나무란 생각이 들어 살펴보니, 밑동의 굵기로 보아 10년생 정도밖에 되어 보이지 않는다. 뽕나무를 찾아 이곳을 헤매던 것이 해방 이듬해였으니, 이 나무는 분명 그때에는 없었으리란 생각에 고개를 끄덕였다.

땅에 떨어진 오디는 발에 밟혀 으깨진 것이 많다. 틔어진 곳에 오디가 널려 있는데도 손대는 이가 없는 것이 이상했다. 민도가 높아져서인지, 먹을거리라는 것을 몰라서인지 알 수가 없다. 한 알을 집어 모래를 털고 입에 넣어보았다. 들큰하고 짐짐한 것이 옛 맛 같지 않았다.

뽕나무와 오디는 낡은 반짇고리 안에 들어 있는 두 타래의 명주실을 떠올리게 한다.

할머니는 해마다 봄누에를 치셨다. 소규모여서 직녀에게 명주낳이를 줄 정도는 아니었다. 다만 아글타글 살림을 꾸려가는 재미 중의 하나로 명주실 몇 타래를 만들어 비단 바느질에 쓰기 위해서였다.

우리집 대문 안에는 꽤 큰 뽕나무 한 그루가 있었다. 따끈한 봄 햇살을 받아 뽕나무 잎이 피려고 가지가 봉긋봉긋해지면 할머니는 삼층장 안 옷 갈피 속에서 누에씨를 꺼내셨다.

누에씨는 지난해 고치를 거둘 때, 잘생긴 고치 몇 개를 골라 놓으면 1주일쯤 후에 고치를 뚫고 나방이 나온다. 그 중에서 통통한 암컷과 기름한 모양의 수컷을 골라 두꺼운 종이 위에 놓아두면 교미를 하고 알을 슬게 된다. 할머니는 작은 소쿠리를 씌워 나방이 그 둘레 안에 알을 슬게 하셨다.

그래서 봄에 꺼내보면 파리똥 같은 자잘한 알이 둥글게 다닥다닥 붙어 있는 것을 보게 된다. 알은 곧 부화하므로, 겨울 동안 바람이 들지 않게 꼭꼭 접어 기름종이로 싸서 천장 한 귀에 매달거나 옷갈피에 깊이 넣어둔다.

시골에서는 말린 콩대를 태운 재를 항아리에 담고, 잘 싸맨 누에씨를 묻어 보관한다고 할머니는 일러주셨다. 누에치기의 대물림을 염두에 두셨던 것 같다.

누에씨를 꺼내놓고 여러 날 눈여겨보면, 벌겋던 알 속에 푸른 기가 돌다가 거무스름한 아기누에가 나오게 된다.

나는 새 생명에 대한 놀라움과, 알에서 나온 순간부터 먹이를 찾는 삶의 욕구에 감탄하곤 했다. 누에는 정성껏 먹이를 주면, 사육 기간이 짧아지고 질 좋은 고치를 얻는다고 할머니는 말씀하셨다.

누에는 대엿새 지나면 애기 잠을 잤고 이어서 두 잠 석 잠을 잤다. 처음에는 갓 피어난 연한 뽕잎을 작게 썰어주다가, 나날이 먹는 양이 늘어 옹근 잎을 먹게 되면 나와 동생들의 활약이 시작되었다. 집에서 따는 뽕잎만으로는 부족해서, 우리는 뽕잎을 구하러 우리가 살던 서대문 일대를 뒤지고 다녔다.

초등학생이던 우리 형제가 무명자루 하나씩을 목에 걸고 제일 먼저 찾아간 곳이 이 자리에 있던 '서울중학'이었다. 학교 안에 교직원 관사가 있어 사람의 출입이 많아 수위의 간섭 없이 드나들 수 있었다. 교정을 돌고 돌다가 관사 울타리 곁에 있던 뽕나무를 찾아냈다. 나무가 커서 남동생을 무동을 태워 나무 위에 올려 보내 따 내렸다. 그러다가 공동 세탁장에 나와 있던 여인들의 나무람을 들은 뒤로는 자주 가지 못했다.

또 한 곳은 정동 입구, 지금의 '경향신문사' 자리에 있던 백계 러시아인 집이었다. 회색 벽돌담 안에 종루가 있고, 큰 미루나무에 섞여 뽕나무도 한 그루 있었다. 여러 채의 양관 건물 방마다 러시아 망명객 가족들이 살았는데, 그 중 한 방에는 러시아 여인이 차려놓은 미장원이 있었다. 그곳에 어른들을 따라다녔기 때문에 뽕잎 얻기를 부탁할 수도 있었으나, 집 안팎을 돌보는 종지기 노인의 파랗고 오목한 눈과 털투성이 얼굴을 동생들이 너무 두려워해 포기할 수밖에 없었다.

따다 놓은 뽕잎이 떨어져 가면, 할머니는 양식이 떨어진 것 같이 걱정하시며 우리와 함께 집을 나섰다. 어찌나 조바심을 했던지 활엽수는 모두 뽕나무로 보일 지경이었다.

우리의 정성이 통했는지, 러시아 영사관 앞 잡초 밭에 무리지어 선 십여 그루의 키 작은 뽕나무 묘목들을 찾아냈다. 그때의 기쁨은 대단했다. 그 나무는 전쟁이 나기까지 수년 간 우리 누에를 먹이는 데 큰 도움이 되었다. 누에는 어찌나 먹성이 좋던지, 뽕잎을 얹어주면 어석어석 소리내며 먹었다. 그 소리가 대견해서 저녁에도 누에 곁을 떠나지 않았다.〈흙〉〈순애보〉〈진주탑〉을 읽은 것은 그 무렵의 일이다. 20촉 전등마저도 정전으로 꺼지면, 남포등을 켜고 누에가 서걱거리는 소리를 들으면서 책을 읽었다.

누에치기가 막바지에 오르면, 품을 사서 집의 뽕나무 가지를 쳐내려 가지째 넣어주었고 소나무도 가지를 쳐서 그늘에 말렸다. 마지막 잠을 자고 나서, 누에 몸이 말개지고 먹이를 먹지 않으면 고치를 짓도록 마른 솔가지를 넣어주었다. 할머니는 짚을 넣어주어야 고치를 곱게 짓는다고 아쉬워하셨으나 서울이라 어쩔 수 없었다.

누에는 은빛 비단실을 토해서 머리를 흔들어 고치를 지었다. 숙연한 순간이었다. 징그럽던 벌레가 눈처럼 흰 예쁜 고치로 변하면 누에 틀을 걷어냈다. 소쿠리에 수북이 담긴 고치를 만져볼 때, 우리 형제는 노동의 기쁨과 크나큰 성취감을 맛보았다. 생생한 생활 체험이었다. 누에를 돌보시던 할머니의 정성과 부지런함, 멋스러운 삶의 흥취는 또 하나의 교훈으로 우리에게 남게 되었다.

끓는 물에 고치를 삶아 푼사실을 걷어내 말리고, 올올이 이어서 틀에 걸어 2겹, 3겹 타래실을 만드시던 할머니, 자아낸 실로 햇솜 둔 명주옷을 지어 삼층장에 차곡차곡 개켜 넣으시던 할머니는, 훗날 시집가는 내 반짇고리에 굵기가 다른 명주실 두 타래를 넣어주셨다. 화창한 봄날, 온 동네를 돌며 구해 온 뽕잎을 먹여 얻은 그 명주실을 …….

세상이 변해서 옷을 지을 일이 없는 나는 아직도 명주실을 그대로 간직하며 이따금 꺼내 쓰다듬곤 한다. 빛바랜 누런 명주실은 그날의 매끈한 감촉을 고스란히 지니고 있어, 할머니의 정을 새삼스레 느끼게 한다.

나도 이제 할머니가 되었다. 돌아가신 분을 그리워하다 보니, 나를 소중히 알고 진심으로 따르는 내 손자 손녀들에게 어떤 아름다운 추억을 남길 수 있을지 슬그머니 염려된다.

이제는 이 서울 하늘 아래에서 누에를 치는 여인은 없으리라.

고운 추억을 되새기며 뽕나무를 비껴 걷는다.

(1991년 월간문학)

그림 이야기

내 책상 서랍 깊숙한 곳에는 미제 크레용 한 상자가 잠자고 있다. 예순네 가지 색 크레용은 8년쯤 전에 함께 글공부하던 친구가, 자기 아들이 대학생이 되어 쓸모 없어진 학용품들을 가져왔으니 필요한 사람은 가져가라고 펼쳐놓았을 때 집어온 것이다. 그때 이미 환갑이 넘은 내가 젊은이들을 제치고 맨 먼저 재빨리 크레용을 집어 들자, 손자들도 크레용 쓸 나이는 지났을 텐데 누구 줄 거냐고 묻는 이가 있었다. 내가 쓸 거라고 딱 끊어 말하고 크레용을 가방 속에 집어넣었다.

그날 책상 서랍에 넣어놓은 후 지금까지, 손 한 번 대지 않은 채 크레용은 그 자리에 그대로 있다. 자주 쓰는 물건은 서랍 앞턱에 놓아두므로 크레용이 눈에 띄는 일은 일 년에 한두 번도 되지 않는다. 까맣게 잊고 있다가 크레용이 그 존재를 드러낼 때마다 나는 화들짝 놀라곤 한다. 그러고 내 노욕을 떠올리며 부끄러움을 느끼게 된다. 그때 헛된 욕심을 부리지 않았다면 누군가의 손에서 유용하게 활용되었을 것을 하고 후회하지만, 내 속마음은 지금도 이 크레용을 남에게 양보할 여유가 없다.

일제 말엽과 해방 이후, 너무도 궁핍했던 시절에 초등학교 생활을 하던 내게 예순네 가지 색 크레용이란 상상조차 할 수 없었던 귀한 물건이었다. 어린 날 겪은 궁핍한 생활의 기억이 소유욕을 발동시킨 이유이다.

또 다른 이유는 형편없는 내 그림 솜씨에 있다. 줄 하나 올바로 긋지 못해 아예 그림 그리기를 포기하고 산 한평생이었다. 뜨개질도 잘하고 재봉도 잘해서 아이들 옷과 내 옷, 남편의 속옷과 셔츠까지도 내 손으로 멋지게 만들어 주위의 칭찬을 들었는데 어째서 그림 그리기만은 그처럼 솜씨가 없는지 모르겠다. 유치원 다닐 때, 얘는 그림 솜씨가 젬병이야, 하고 놀리는 말을 듣고 아예 기가 죽어 의욕을 잃어버린 모양이다. 필체도 엉망이어서 그림이건 글씨건 붓을 손에 쥐어본 일이 거의 없다.

크레용을 책상 서랍에 간수했을 때의 심정은 언제고 짬을 낼 수 있게 되면 그림에 도전하여 굳어버린 열등감을 밀어젖히고 일어서리라는 마음에서였다. 가장 다루기 쉬운 크레용으로 색칠공부부터 시작하려고 취학 전 어린이용 색칠공부 책도 다섯 권이나 사다 보관해 놓았다. 그러나 오늘 이 시간까지도 나를 놓아주지 않는, 구식 살림살이와 다정한 친구들과 늦게 시작한 선부른 글쓰기로 시간을 보내느라 그림을 향한 도전은 마음속에만 머물러 있다.

초등학교 1학년 때, 일생에 딱 한 번, 내 그림이 교실 뒷벽에 걸린 적이 있었다. 여름방학 숙제로 그린 그림이었다. 내가 그림에 손도 대지 못하자 답답해진 어머니가 대신 그려서 제출한 그림이었다. 어머니는 그림 솜씨가 좋아서 1학년생이 그린 그림이라고 믿어지지 않았을 텐데 그 그림이 선택된 것이다. 뒷벽에 붙은 그림을 본 순간, 너무 무참하고 양심에 찔려서 고통스러웠다. 그 그림이 내려질 때까지 그림이 있는 쪽으로 눈길을 주지 못했고, 옳지 않은 일은 하지 않아야 한다는 교훈을 마음에 새겼다.

초등학교 6학년 때 담임선생님은 내게 많은 기대를 품어주신 고마운 분이셨다. 그 분은 학업 성적이 우수하다고 나를 칭찬해주신 후에는, 너는 중학교 가서가 걱정이구나, 거기는 학과마다 선생님이 다른데 어쩌지, 하고 걱정하셨다. 맏이라서 중학교가 어떤 곳인지 전혀 몰랐으므로 그 때는 선생님의 마음을 헤아릴 수 없었다.

초등학교와 교문을 마주하고 있는 여자중학교에 입학했다. 중학교 1학년 생활은 분주하면서도 즐거웠다. 입시 때문에 중단했던 방송 생활도 다시 시작했다. 초등학교 4학년 때부터 학교 근처에 있는 방송국에서 어린이 극회 회원으로 방송에 참여하고 있었다.

그러던 어느 날 복도에서 미술 선생님과 마주쳤다. 야, 너 방과 후에 미술실에 와서 모델 서, 오늘부터 와, 하고 그 분이 내게 소리쳤다. 성격이 급하고 불같다고 소문이 나서 모두 슬슬 피해 다니는 무서운 선생님이었다. 그날로 미술부의 모델이 되었다. 모델이란 할 게 아니었다. 선생님과 선배들의 쏘아보는 눈길에 몸은 굳어버리고 여기저기 근질거리고 눈물 콧물도 흘러나오는 것 같고 화장실도 가고 싶은 것 같고…. 그 무엇보다도 5시 30분 어린이 시간이 다가오는 게 문제였다. 배역은 나왔는지, 나 때문에 방송이 펑크나는 건 아닌지, 하는 갖가지 걱정에 지옥에 빠진 기분이었다. 선생님이 두려워서 말하지 못하고 모델 일이 끝날 날만 기다렸다.

학년 말에 성적표를 받아들자 입이 딱 벌어졌다. 93점, 우리 학년에서 제일 우수한 친구보다 1점이 빠지는 점수였다. 그 무서운 선생님이 내게 모델료를 지불하신 것이다. 다른 과목 성적보다 훨씬 나은 성적이었다. 누가 볼까 봐 성적표를 꽉 움켜쥐었다. 이 일은 오늘 처음 발설하는 내 1급 비밀이다.

크레용을 더 묵히지 말고 색칠공부라도 시작해야겠다. 내 고모님은 70대 후반에 동양화를 시작하여 마지막 날까지 12년 동안 그림을 그리다 가셨다. 같은 핏줄인데 내게도 티끌만한 가능성이 있지 않을까 하고 꿈꾸어 본다.

(2005 계간 수필)

그리움을 부르는 옛노래

김영상金永上이란 분이 쓴, ≪서울 600년≫이란 책을 읽다가 까맣게 잊어 버렸던 노래 하나를 발견했다. 그 노래는 함께 놀던 친구나 형제가 토라져서 난감할 때, 다 함께 부르며 놀리기도 하고 화를 풀어주기도 하던 노래이다.

성 났다 번 났다 / 연주문을 열어라
호박국을 끓여라 / 너 먹자고 끓였니
나 먹자고 끓였지 / 아가리 딱딱 벌려라
열무김치 들어간다

철없던 시절에 누군가가 가르쳐준, 아이들 사이에서 구전되어 무심히 부른 이 민요가, 사실은 독립문 자리에 서 있었던 영은문에 얽힌 우리 민족의 억울하고 비통했던 몇백 년의 원한이 맺힌 노래라 한다. 이 노랫말에 노골적으로 드러내지는 않았으나, 중국 사신들이 우리의 재보와 어린 처녀들을 조공 바치게 하고, 무시로 거들먹거리며 드나들던 연주문, 즉 영은문을 빗대어 말썽만 부리던 중국 사람을 꺼리고 미워하던 심정을 담았다고 한다.

그런 사정을 알 리 없는 아이들은 목청을 높여 이 노래를 부르며 무척 즐거워했다.

아아함 닷되 쓸으니 서되 / 먹으니 불룩 내리니 훌쭉

이 노래는 아이들이 졸음이 와서 입을 크게 벌리고 하품을 할 때, 쩍 벌린 입 안에 손가락을 넣어 꼭 찍으며 놀리느라 부르던 노래다. 이 외에도 아이들 사이에서 구전되던 노래가 여럿 있었는데, 학교에서 배운 일본 노래와 뒤섞여 이제는 아슴아슴 기억나지 않는다.

몇 해 전, 처음 글을 쓰기 시작하던 무렵에 국어사전을 들추다가 어릴 적에 놀이 하면서 부르던 잊혀진 노래를 찾아낸 일이 있다.

고드래뽕 명사. 1. 술래잡기의 술래를 세는 말의 끝말. 예) 하날때, 두알때, 사마중, 날때, 육낭거지, 팔때, 장군, 고드래뽕. 2. 일이 끝났을 때 쓰는 말. 예) 그 일도 마침내 고드래뽕이다.

노래라 할 수도 없는 이 구전동요를 찾아내고 기쁨에 겨워 손자들을 모두 모아놓고 다리를 엇갈리게 쭉 뻗게 하여 놀이를 시작했다. "하날때 두알때 사마중 날때 육낭거지 팔때 장군 고드래뽕" 노랫말의 의미를 알 수는 없으나, 손자들의 다리를 하나씩 짚어가며 흥얼거리자 온 집안에는 웃음꽃이 피었다.

할아버지한테서 배운 노래도 하나 있다. 할아버지는 내가 네댓 살 먹을 때까지도 나를 보시면 누운 채 두 발을 내 배에 대고 높이 들어올려 주셨다. "수러어." 하고 할아버지는 소리치셨다. 하늘을 나는 새처럼 나는 양팔을 크게 벌리고 두 다리를 쭉 뻗곤 했다. 그러고 나서 할아버지는 일어나 앉아 내 양손을 붙잡고 앞뒤로 흔들어주며 노래를 하셨다.

세상 마상 할아범이 마당 쓸다 돈 한 푼 줏어서
장에 가서 밤 한 말을 사다가 시렁 위에 얹었더니
머리 검은 새앙쥐가 들면날면 다 까먹고
썩은 밤 한 톨을 남겼드란다.

앞뒤로 몸이 흔들려 얼떨떨한 중에도 머리 검은 새앙쥐는 어떻게 생겼을까 궁금했고, 새앙쥐가 다 먹어버린 밤이 너무너무 아까웠다.

가마솥에 삶을까 옹솥에 삶을까 삶아서
조리로 건질까 쪽박으로 건질까 건져서
겉껍데기는 말 안 들어 미운 아무개를 주고
속껍데기는 조금 이쁜 아무개를 주고
알맹이는 너하고 나하고 달콩달콩 나눠먹자.

썩은 밤인들 어떠랴. 내 몫이 다 달아날까 봐 애태우던 나는 그제야 깨드득 하고 웃곤 했다. 입 안에 들어오는 것이 아무것도 없어도 밤 한 말을 다 삶아 포식을 한 듯 만족해져서 그저 행복했다.

민간에 널리 퍼져 우리의 정서를 꽃피우던 수많은 구전동요와 민요는 일본의 우리 문화 말살정책과 때맞추어 모두 추억 속으로 깊숙이 묻혀버리고 말았다. 서양음악의 보급과 더불어 새록새록 발표되는 새 노래들이 옛 노래의 필요성을 느끼지 못하게 하여, 구전되어 오던 그 노래들은 채록되지 않은 채 우리의 기억에서 멀어져가고 있다. 때늦었다고 한탄만 할 것이 아니라, 조금이라도 그 시대의 문화에 접해보았던 우리 세대가 힘을 모아 기억을 더듬고 자료를 찾아 되살려놓지 않는다면, 추억의 옛 노래들은 우리들 세대를 끝으로 영영 사라지고 말 것이다.

(1997년 한국수필)

은행 줍기

지루한 늦더위를 넘기고 선들바람이 불어 날씨가 선선해지더니 은행이 길바닥에 떨어지기 시작했다. 은행 줍기 계절이 찾아온 것이다. 외출할 때면 늘 비닐봉지를 여러 장 챙겨가지고 나간다. 우리 동네 큰길가에는 은행나무 가로수가 무성하여 은행이 많이 떨어진다. 동네 시장에 오갈 때나 버스나 지하철을 내려 은행나무 아래를 걸어올 때에는 한두 알이든 여러 알이든 내 발치에 떨어진 것은 모두 주워들고 돌아온다. 주워온 은행은 마당 한구석 나무 아래에 쏟아놓고 빈 화분을 씌워놓는다.

은행은 악취가 심하고 피부병이 생길 위험이 있어서 만지기를 피하는 사람이 많지만, 체질에 따라 달라서 내게는 해당되지 않으므로 다행으로 생각하고 있다.

내가 은행 줍기에 관심을 갖게 된 것은 오래 되지 않는다.

삼 년 전 늦가을에 골목 건너편 연립주택에 살고 있는 여인네들이 뒷마당에 모여 비닐봉지에 담아 두었던 은행 알맹이를 발려 내는 것을 본 후부터이다. 그날, 은행이 필요하지도 않으면서 큰 손해를 본 것 같은 상실감을 느꼈다.

이듬해 가을이 오자 고대하던 은행 줍기에 나섰다. 새벽 일찍 집을 나서 우리 지역 안을 훑고 다녔고, 홍은동 일대와 경복궁 언저리까지 돌았다. 그러나 나보다 더 부지런한 사람이 있는지 수확물은 많지 않았다. 오히려 한낮에 집 근처에서 우연히 줍는 경우가 성과가 있었다. 골목 밖 건널목 신호등 옆에 서 있는 은행나무에 열매가 많이 열리는 것을 알게 되었다. 그 나무는 오갈 때마다 나를 붙잡아두는 재주가 있었다. 정지 신호가 풀려 차들이 달리기 시작하면 툭 툭 은행을 떨어뜨려 주었다. 파란 불이 켜져도 차도까지 내려가서 은행을 줍느라 길을 건널 수가 없었다. 신호가 바뀌고 또 바뀌어도 나는 그 사랑스러운 나무 곁에 묶여 있곤 했다.

다른 곳으로 원정을 다닐 필요가 없게 되었다. 윗 골목 밖 양복점 앞에 서 있는 큰 은행나무도 은행이 많이 열리는 것을 알았다. 저 아래쪽 건널목에서 신호가 풀린 버스들이 경사진 언덕길을 달려 은행나무 곁을 스쳐 가면 은행이 떨어져 내렸다. 기다렸다가 줍고 기다렸다가 줍고, 양복점 앞과 길 건너 신호등 아래를 오르내리면 되었다. 질병관리본부 뜰에도 큰 은행나무가 몇 그루 있는데 담장 안을 눈여겨 넘겨다보다가 많이 떨어져 있는 날 딱 한 번, 문 안으로 들어가 경비원에게 정중한 태도로 말을 건네 허락을 받아 한 봉지 가득 주워왔다.

남편은 내 은행 줍기 놀이를 못마땅해 한다. 용돈 몇 푼이라도 벌려는 사람들 것을 왜 빼앗아 오느냐고 나무란다. 남편은 내가 은행을 줍는 것을 추접스러운 행동으로 생각하는 모양이다. 남의 것을 빼앗지 않아요, 하늘이 내게 주시는 것만 주워오는 거예요. 내가 줍지 않으면 발길에 밟히거나 차바퀴에 으깨져요, 나는 항변한다. 하는 수 없이 첫해의 수확은 천 개로 마무리지었다. 천 개를 주우려면 내가 천 번을 하늘에 감사하며 허리를 굽혀서 이루어진 결과이다.

작년 가을 은행의 계절에도 은행 줍기를 시작했다. 오십 개 남짓 주워다 놓은 어느 날, 외출하다가 골목 어귀에서 아랫동네 사는 젊은이를 만났다. 그는 삼십 대 중반의 여자로 남편을 뇌졸중으로 잃고 고등학생인 남매를 데리고 정부 보조금으로 살고 있었다. 기막힌 일은 삼십 세 때 남편보다 먼저 자신이 뇌졸중으로 쓰러져 반신마비가 되어 힘겹게 절뚝거리며 운동을 다니고 있는 장애우였다. 그날 그 젊은이의 손에 은행 봉지가 들려져 있었다. 그것을 본 순간, 나의 은행 줍기는 끝났다. 그 후 그에게 슬며시 은행 이야기를 물으니 교회와 이웃에 신세진 분이 많아서 답례를 하려고 주웠는데 아이들이 싫어해서 그만두었다고 말했다.

다시 가을이 왔다. 은행이 떨어지기 시작했다. 신호등 옆 은행나무 말고도 질병관리본부 쪽 길가의 가로수 서너 그루와 버스 정류장 근처의 두 그루 은행나무도 인도와 차도에 수없이 은행을 떨어뜨려 주었다. 집으로 돌아오는 길에는 늘 하늘이 내게 내려주신 선물을 들고 돌아왔다. 손질해 놓으니 오백 개가 넘었다. 보오얀 은행 알이 너무나 사랑스러웠다. 목표 달성을 외치며 올해의 은행 줍기를 그치기로 마음 다졌다.

그 이튿날은 도서관으로 자원봉사를 가는 날이었다. 책 두 권과 돋보기와 하루 종일 스튜디오에서 일하며 먹을 과자와 과일과 스텐리스 컵과 음료수를 배낭에 넣어 지고 집을 나섰다. 두어 달 전 사고를 당한 후유증으로 담이 든 것처럼 등과 옆구리가 결리더니 그날은 골반 쪽과 허리까지 아파 몸을 움직이기 괴로웠다. 언덕 위에 있는 도서관까지 택시를 타고 가려고 길을 건너갔다. 택시를 잡으려고 두리번거리다가 깜짝 놀랐다. 차도와 인도에 은행이 다른 날보다 몇 갑절 더 많이 떨어져 있었다. 날씨가 추워지려는지 빗방울이 떨어지고 바람이 세차게 불었다. 바람이 불 때마다 막바지까지 매달려 있던 은행이 연이어 떨어져 내렸다. 날씨 때문인지 길 가에 은행을 줍는 사람도 없었다. 비닐봉지도 준비되어 있지 않아서 휴지를 넣은 작은 봉지를 꺼내 줍기 시작했다. 지나가던 여자가 딱하다는 듯 바라보더니 큰 비닐봉지를 건네주었다.

택시를 타기는커녕 불광역을 지나 연신내역까지 은행을 주우며 걸어갔다. 은행을 주우려고 허리를 굽힐 때마다 배낭이

목덜미께까지 밀려 내려왔고 배낭 안에 든 물건들이 비명을 질러댔다. 연신내역에서 되돌아서서 집까지 가며 은행을 더 줍고 싶은 유혹에 시달렸으나 도서관으로 올라가는 언덕길로 들어섰다. 그날의 수확은 2킬로그램, 손질해 놓으니 칠백 개가 넘었다. 신기한 일은 이튿날 아침에 일어났더니 배낭을 진 채 수없이 허리를 굽혔고, 돌아오는 길에 장까지 보아 잔뜩 지고 걸어왔는데 몸이 거뜬했다. 허리 통증을 느낄 수 없었다.

은행을 주우며 다니다 보면 느끼는 게 많다. 내 앞에서 누군가가 은행을 주우며 가고 있거나 은행을 주우며 마주 걸어오는 사람이 있어도 내 몫의 은행은 있다는 것이다. 그가 미처 보지 못했거나 뒤에 오는 사람을 위해 지나치고 갔거나 하늘이 내려주셨거나 내 몫의 은행은 내가 노력하는 만큼 그곳에 있었다.

은행을 줍고 돌아설 때면 은행을 내게 준 나무를 올려다보며, 고맙다, 하고 속삭인다. 나무를 쓰다듬기도 한다. 건널목 옆의 은행나무는 은행의 계절이 지나고 나서도 신호가 바뀌기를 기다릴 때마다 나무를 살살 쓸어준다. 내가 쓸어준 자리는 반들반들하다. 내년 이맘때 나무가 은행을 내게 주는 날까지 아마 백 번은 쓰다듬어 줄 것 같다.

(2006 계간 수필)

볼우물

시내에 나갔다가, 신혼 무렵 이웃에 살던 친구를 만났다. 그 당시 그녀는 결혼 전이었는데, 갓난애이던 우리 큰애를 매우 귀여워했다. 나와는 취미가 엇비슷하여 모차르트의 음악을 들으며 홍차를 같이 마시기도 했고, 소설책을 바꾸어 읽으며 많은 이야기를 나누곤 하던 사이였다.

그녀는 구슬이 박힌 블루진 옷을 입어서인지, 환갑을 바라볼 나이인데도 별로 늙어 보이지 않았다. 처음엔 나를 알아보지 못하였으나, 웃으며 알은 체를 하자 큰애 이름을 부르며 반가워했다. 지난 일을 한참 이야기하다가 헤어질 때, 할멈이 되었어도 요것이 있어 알아보았다며 그녀는 내 볼을 손가락질했다. 나는 새삼스레 볼을 만져 보았다.

나는 볼우물이 있다. 크게 웃거나 미소를 짓거나 하면 남의 눈길을 끌곤 한다. 이제는 나이가 들어 볼품없으나, 전에는 송편 반죽에 찍어 놓은 아기의 손가락 자국 같다는 말도 들었다. 처진 눈 꼬리 탓에 새초롬해 보이는 내 인상이 볼우물이 짐으로써 훨씬 부드러워진다고 친구들은 말한다. 남의 눈에 띄는 차림새나 화장은 애써 피하는 편이지만, 볼우물에 대해서는 부담 없이 지내왔다. 오히려 자랑스럽게 생각했다. 그것은 볼우물이 보기 좋아서라기보다 사연이 있기 때문이다. 겨우 말귀를 알아듣던 어린애 때부터 집안 어른들이 내 볼우물에 대해서 자주 이야기하는 것을 들었다. 그것은 보조개가 져서 귀엽다든가, 잃어버려도 쉽게 찾겠다는 평범한 이야기가 아니라 신비스러운 태교 이야기였다.

어머니가 첫아이인 나를 임신하고서 태교를 하려고, 그 시절 인기 있던 미국 아역 배우로 예쁜 볼우물이 있는 '셜리 템플'의 사진을 여러 장 구해다 걸어놓고 늘 보았기 때문에, 집안에 없는 볼우물을 가진 애가 태어났다는 것이다. 어른들은 태교의 신비에 대해서 강조했고, 내 볼우물은 태교가 성공한 사례로 믿고 있는 것 같았다.

그때에는 이미 부모님과 헤어져 지내고 있어 그리움에 젖기 시작한 때라, 볼우물을 어머니가 내게 쏟은 사랑의 표징으로 어린 가슴속에 새겨 넣게 되었다. 일찍 부모를 떠나 그분들의 애정의 여운, 다정한 속삭임이나 부드러운 손길의 기억을 갖지 못하여, 볼우물만이 내가 믿고 매달릴 수 있는 어머니 사랑의 유일한 형상이었다.

훗날 초등학교 졸업 무렵에 어머니가 남긴 물건들을 처음 대하게 되었는데, 그 속에서 어머니가 나를 위해 지녔던, 볼우물이 있는 미국 소녀 배우의 사진을 보고 나서 손안에 잡힐 듯한 어머니의 사랑을 느껴 행복에 취했었다.

성장함에 따라 회의가 찾아오기 시작했다. 특히 내가 출산한 여러 아이들 중에서 작은아들만 볼우물이 지는 것을 보고, 태교보다 오히려 유전 쪽에 연관지어야 할 문제가 아닐까 하는 생각으로 굳어져 갔다.

맏손자가 태어날 때의 일이다. 큰아들이 유학 중이라서 며느리는 미국에서 출산을 하게 되었다. 해산 구완을 하러 간 나는 낯선 곳의 출산 대기실에서 며느리가 순산하기만을 초조하게 기다리고 있었다. 딱딱한 의자에 앉아 굶다시피 하며 애태웠으나, 새 생명에 대한 기대로 피곤함도 느끼지 못하고 있었다. 진통은 하루를 넘겼고, 이튿날 새벽에야 제왕절개 수술로 손자가 태어났다.

산모를 면회할 때를 기다리며 서성이는데, 아기를 받아준 중년 여의사가 퇴근하려고 승강기를 기다리고 있는 것이 눈에 띄었다. 고마움을 표하고 싶었으나 영어로 남과 대화를 나누어 본 적이 없어 나도 모르게 우리 식으로 절을 하며 감사하다는 말을 했다. 먼발치로만 보아온 사이지만 그렇게라도 고마움을 표하고 싶었다. 그녀는 내 얼굴을 유심히 바라보더니 내가 누군지 알겠다고 말했다. 여의사는 엄지와 중지를 크게 펴

자기 입가에 대고 아기가 당신을 닮았기에 알아본다며 반갑다고 악수를 청했다. 큰아들에게 없는 볼우물이 대를 건너 손자에게 나타난 것이다. 우리는 정답게 손을 맞잡고 크게 웃었다.

이어서 태어난 손자들도 볼우물이 진다. 어떤 애는 한쪽 볼에만 지기도 하고, 양 볼에 모두 지는 애도 있다. 손자들의 볼우물을 볼 때마다 진한 유대감을 느끼곤 한다.

후손에게 연이어 나타나게 될 이 징표, 신기한 핏줄의 흐름은 생명에 대한 경외감을 더욱 짙게 한다.

내 뺨 위에 머문 볼우물은 어디서 왔을까 하는 의문이 떠오르곤 했다. 이제는 어머니의 태교에서 생긴 돌연변이라고는 믿지 않게 되었다. 그보다 더한 의미가 있을 거라고 생각해오던 중 오랜 의문이 풀리게 되었다.

지난 가을에 오랫동안 찾던 외가 쪽 가족을 만나게 되었다. 먼 외국 땅에 사는 막내이모를 만난 것이다. 칠순을 넘긴 이모는 행복한 생활을 누려온 듯 아주 밝은 인상의 노인이었다. 서먹서먹하여 거부감을 가슴 한 귀에 품었던 나는, 이모의 입가에 파이는 볼우물을 보고 망연해졌다. 어머니가 내게 준 지고한 사랑, 그보다 더한 숙연한 피내림을 마주한 순간이었다.

나는 한 줄기 긴 흐름 속의 한 부분이었던 것이다. 서슴없이 이모의 두 손을 잡았다. 따뜻하고 부드러운 손이었다. 나는 볼우물을 보이려고 이모와 마주보며 활짝 웃었다.

(1992년 현대수필)

동양극장東洋劇場

추억 속의 경교장京橋莊

고모의 선물

나만 늙은 게 아니군요

조선백자 청화목단문 호朝鮮白瓷 青華牧丹文 壺

수선전도首善全圖

하날 때 두알 때 사마중 날 때

여름이를 보내고

동양극장東洋劇場

1994년 가을, 서대문 네거리에는 화강암으로 치장된 건물 한 채가 준공되었다. 동양극장 자리에 세운 〈문화일보〉 사옥으로 10층 정도 높이의 건물이다. 산뜻한 새 건물이 솟아오르니, 신촌으로 넘어가는 고가도로가 세워진 후로 자동차 통과도로 정도의 구실밖에 못 하던 서대문 길에 새로운 활기가 감도는 듯하다. 이 건물의 규모와 용도를 궁금해 하며 공사장을 눈여겨 살펴보곤 했다. 흔들리는 버스 창문에 이마를 찧어가며 고개를 기울여 건물의 층수를 세어보려 애를 쓴 적도 여러 번 있다.

이곳에 깊은 관심을 갖는 이유는 동양극장 앞이 내가 태어나고 자라난 고향이기 때문이다. 그곳을 떠난 지 40년이 넘었으나, 지금도 그 시절과 그 거리의 풍경이 그립기만 하다. 동양극장 건너편 언덕 위에 경교장과 담을 사이에 두고 우리 집이 있었다. 우리가 살던 건물은 오래 전에 헐리고 새 건물이 들어섰으나, 동양극장은 그대로 남아 있어 위안을 삼고 지냈었다. 동양극장이 재벌의 손에 넘어갔다는 소문을 듣고는 그 재벌의 힘으로 옛 동양극장의 전성기를 다시 이룰지도 모른다는 기대를 품은 적도 있다.

동양극장 건물이 철거될 무렵, 신문에 난 기사의 일부분이다.

> 1990년 2월 27일, 충정로 1가 62의 4 동양극장 철거
>
> 1935년 10월 31일, 평양철도국 직영, 야나기 호텔 지배인 홍순언이 상업은행에서 19만 5천 원을 빌려서 새문밖 비탈을 깎아 세운 건물로 최초의 연극 전용 극장으로 출발
>
> 회전무대, 호리존트 설치
>
> 〈국경의 밤〉, 〈승방비곡〉, 〈사랑에 속고 돈에 울고〉 등 수백 편 상연

동양극장에서 공연된 것은 신파극이었다. 서울은 물론이고 시골에서도 동양극장 구경을 창경원 구경 다음으로 꼽았다 하니 그 인기를 짐작할 만하다. 극장 건너편에는 적십자병원이 있고, 영천과 마포, 청량리와 돈암동으로 이어지는 전차 정류장이 있어서 극장 앞길은 언제나 사람의 물결로 술렁거렸다.

열 살이 넘을 때까지만 해도 내 생활은 큰길의 혼잡과는 동

떨어진 평범한 것이었다. 가족 중 누군가가 극장에 다녀왔다 해도 아이들 앞에서는 말하지 않았기에 우리 형제들은 극장이 무엇을 하는 곳인지조차 알지 못하고 지냈다.

해방이 되어 새로운 문물이 밀려들고 북에서 피난민이 몰려오던 시절의 어느 여름날 저녁, 열두 살의 소녀로 자라난 나는 바람결을 타고 들려오는 풍악소리를 듣게 된다. 풍악소리는 극장이 시작되기 전 석양녘이면 큰길을 건너 우리 집 창가에 메아리쳐 오곤 했는데, 내 귀에는 그날에야 확연히 들리게 된 것이다. 대문 밖으로 뛰어나가 경교장 정문 앞에서 바라보니 극장 2층 테라스에 악사들이 나와 앉아 관객을 부르기 위해 연주를 하고 있었다. 하늘을 찢을 듯 치솟던 날라리 소리는 지금도 내 귓가를 맴돈다. 그날에서야 극장 건물 한가운데와 양 옆 벽에 걸린 요란스런 포스터에 관심이 끌리기 시작했고, 깨끗한 차림새로 저녁 나들이를 나와 표를 사려고 늘어선 긴 행렬과 극장 안으로 몰려 들어가는 사람들을 의식하게 되었다.

이튿날 저녁부터 극장 앞은 내 놀이터가 되었다. 저 안에서는 무슨 일이 벌어지고 있을까 하는 호기심은 작은 가슴을 두근거리게 했다. 사촌들까지 합친 네 명의 여동생을 거느리고 관객들이 모두 입장하고 난 뒤에도 극장 앞을 떠나지 않았다. 전찻길 건너 언덕 위에서 우리를 부르는 소리가 몇 번이나 난 후에야 집으로 돌아오곤 했다. 극장 프로가 바뀌어 묵은 간판이 내려질 때는 아쉬움을 달래며 다음 프로에 희망을 걸었다.

그 무렵, 우리 형제가 존경하던 사람은 말을 타고 극장 옆문으로 드나들던, 손에 말채찍을 들고 긴 가죽장화를 신은 동양극장 사장과 극장 앞을 지키던 문지기 아저씨였다.

저녁마다 극장 앞에서 서성거린 끝에 우리는 무료로 입장하는 요령을 익혔다. 이웃에 사는 낯익은 분들이 들어갈 때 껴묻어서 들어가거나, 연극이 끝나갈 즈음 문단속이 느슨해진 틈에 재빨리 뛰어들어 관객 속으로 파고드는 수가 있었다. 또 매일 극장 앞에서 숨바꼭질과 고무줄놀이를 하다 보니 문지기 아저씨와 사귀게 되어 이따금 개막 후에 입장을 허락받은 적이 있다. 그럴 때마다 집에 가서 들을 꾸중이나 회초리는 나중 문제였다.

극장은 숨이 막혀 쓰러질 정도로 만원이었다. 사람 틈을 비집다 못해 발돋움을 했고 임검석 탁자 위에 올라앉아 보기도 했다. 3막 7장이니 4막 5장이니 하는 연극의 내용은 기생 이야기도 있었고 사랑 이야기도 있었으나, 〈낙랑공주와 왕자호동〉, 〈단종애사〉 등 사극이 많았다.

과거 우리나라 배우 중 대다수가 동양극장 무대를 거쳤다 하는데, 알 만한 사람으로는 변기종 · 고설봉 · 김승호 · 주선태 · 황정순 · 최은희 · 한은진 · 조미령을 꼽을 수 있다. 내 기억에 남아 있는 배우는 남자주인공 역의 이예성과 눈물의 여왕 전옥이다. 구경에 요령이 생긴 후에는 객석 뒤쪽보다는 무대 바로 아래에서 보곤 했는데, 전옥은 공연 때마다 샘물처럼 솟아나오는 눈물을 주룩주룩 흘리며 피를 뿜어내듯 대사를 토해냈다. 〈사랑에 속고 돈에 울고〉의 마지막 장면에서 홍도의 오빠역인 황해와 함께 연기하던 장면을 떠올리면, 지금도 그날의 감격에 휘말려 몸을 떨게 된다. 지난 달 끝난 텔레비전 드라마 〈모래시계〉의 남자주인공 태수 역을 열연한 배우 최민수는 전옥의 외손자다. 최민수가 처음 텔레비전에 소개되었을 때, 그가 외할머니의 얼굴을 빼박은 듯 닮아 유전의 신비로움에 놀라며 애정어린 눈으로 그를 보게 되었다.

연극이 끝나면, 버라이어티쇼가 있었다. 춤과 코미디와 노래가 어우러진 흥겨운 시간이었다. 댄서로는 홍청자가 뛰어났고, 탭댄스가 꼭 등장했다. 코미디언은 이종철과 박옥초가 콤비였다. 가수는 고복수 · 남인수 · 한복남 · 신카나리아 · 장세정 · 이난영 · 백난아 · 박단마 · 백설희 등 수없이 많았다. 특히, 이난영의 남편인 김해송이 단장인 K P K 악단의 공연은 다채롭고 멋진 쇼였다.

동양극장에는 흥겨운 이야기만 남아 있는 것은 아니다. 6 · 25난리로 세상이 바뀐 여름날, 소련 영화를 상영한다고 선전하여 구경 온 청년들을 모조리 의용군으로 잡아간 슬픈 역사도 있다. 흰 옥양목 남방셔츠 차림의 젊은이들이 줄줄이 끌려가는 것을 바라보며 애태우던 일이 생각난다.

동양극장 시절의 번쩍이던 조명, 박수갈채, 젊은 혈기를 내뿜던 휘파람 소리는 사라져갔다. 그 시절을 기억하고 있는 사람의 수도 나날이 줄어가고 있다. 신파극이나 유행가의 저속

성을 나무라는 이도, 서민 대중이 함께 울고 웃고 노래한 대중 예술이었음을 부인할 수는 없으리라. 오늘날 텔레비전이 그 역할을 대신하고 있지만, 연기자와 관객이 호흡을 맞출 수 있는 동양극장 같은 공연장이 하나쯤은 있어서 그 시절의 꿈을 이어갔으면 하는 것이 내 바람이다.

오늘 낮, 서대문을 지나다가 〈문화일보〉 건물 벽에 걸린 이불 홑청보다 더 큰 플래카드를 보았다. 늦겨울 찬바람에 펄떡이는 플래카드에는 그 건물 안에 있는 공연장에서 있을 연주회와 독창회의 공연 일정이 적혀 있었다. 동양극장은 사라진 것이 아니라 시대의 흐름에 따라 변화되어 새 면모를 보여주고 있는 것이라 생각하며 고개를 떨구고 그곳을 떠났다.

반 세기가 지난 오늘, 네 동생들은 뿔뿔이 흩어져 먼 이국에서 고향을 그리며 늙어가고 있고, 고향에 외톨이로 남겨진 나는, 고향을 잃은 아쉬움에 목이 메인다.

(1995년 현대문학)

추억 속의 경교장京橋莊

2006년 9월 22일, 백범 김구 선생 탄신 130주년 기념 국제학술회의에 참석하려고 효창공원 옆에 있는 백범 기념관에 갔다. '백범 김구의 생애와 사상과 민족운동'이란 표제의 학술회의였다. 아침 일찍부터 서둘렀으나 '백범 김구의 청년기 사상과 애국운동'이라는 첫 번째 강연은 이미 시작되어 있었다. 대회의실은 초만원이어서 직원의 안내로 겨우 자리를 잡고 앉았다. 장년층의 청중도 많았으나 태반이 흰머리의 노인들이었다. 여자들도 더러 보였다.

강연의 내용은 내가 어려서부터 지금까지 60여 년간 되풀이해서 읽은 ≪백범일지≫를 근거하여 학자들이 여러 모로 연구한 결과 보고 형식으로 짜여 있었다. 중국인 학자도 두 분이나 있었다. 연사의 자세한 해설이 덧붙여진 강연에 몰입해가다가 내 의식의 흐름은 어느 틈에 멀고먼 옛날 경교장 시절, 김구 선생님의 기억을 찾아 헤매고 있었다.

그 분의 함자를 내가 처음 접하게 된 것은 1946년 3월 초순 서울행 경의선 열차 속에서였다. 해방 직전에 일제의 소개 명령에 쫓겨 고향인 평북 용천으로 내려갔다가 우리의 전 재산을 몽땅 빼앗기고 거지꼴을 하고 서울로 돌아오는 길이었다. 만 열 살도 채 안 된 철부지였던 나는 서울에 돌아가는 것만이 기뻐서 차창 밖 풍경에만 정신을 쏟고 있었는데, 정거장을 지나칠 때마다 이상한 문구가 적힌 두 장의 종이가 역사 담벼락에 나란히 붙어 있는 것을 발견했다. 흰 종이에 세로글씨로, 민족반역자 김구 타도, 민족반역자 이승만 타도, 라고 적혀 있었다. 김구, 이승만이란 얼마나 나쁜 사람이기에 저런 대접을 받는가, 타도란 무슨 뜻인가, 하는 의문과 뜻 모를 두려움에 휩싸였다.

그런데 서울에 돌아오니 바로 그 김구라는 분이 중국에서 귀국하여 우리 집과 담장을 사이에 둔 최창학 씨 집 양관에 살고 계시다고 했다. 그분이 이 세상에서 가장 훌륭한 애국지사이며 독립운동가로 상해임시정부 주석인 훌륭한 분임을 알게 되었다. 나는 두려운 마음을 품고 그 집을 관찰하기 시작했다. 모두들 그 분의 이름 김구에 이어 선생님이라는 존칭을 꼭 붙였으며 최창학 씨네 집을 경교장이라고 불렀다. 정문에는 늘 정복을 입고 총을 멘 순경이 두 사람씩 보초를 섰고,

많은 사람들이 장부에 이름을 적고 드나들었으며, 김구 선생님과 함께 귀국했다는 많은 식구들이 함께 살고 있었다. 선생님께서는 검은 승용차를 타고 드나드셨는데 한 번도 차 안에 계신 모습을 뵐 수는 없었다. 경교장 정문 앞을 놀이터삼아 뛰어놀던 우리 형제들은 선생님이 드나드실 때에는 경관들의 제지로 골목 안으로 피해가야 했기 때문이었다.

그 무렵, 우리 집에는 열한 명의 아이들이 자라고 있었다. 우리 사 남매와 큰고모네 다섯 아이들과 작은고모네 남매다. 세 집 모두 여자애들이 위라서 내 아래로 고만고만한 여자애 다섯이 서대문 일대를 휩쓸고 다녔다. 우리 집은 368평의 너른 터에 네 채의 건물과 세 채의 부속 건물이 있었다. 경교장 서쪽에 있었는데 경교장 쪽 담장 바로 옆 이층 건물에 조부모님과 우리 사 남매가 살았다. 이층에서는 무성한 나뭇가지 너머로 경교장 건물이 건너다 보였다. 본관 건물 현관과 선생님께서 계시던 이층 서쪽방의 창문이 보였고 넓은 잔디밭의 한 귀퉁이가 내려다보였다. 이층은 사용하지 않아 늘 비어 있었는데, 나는 살그머니 그곳에 올라가 낭하 난간을 짚고 경교장 쪽을 넘겨다보거나 동남쪽에 있는 베란다에 나가 우리 집 정원수 너머로 동양극장이 있는 큰길 쪽을 내다보곤 했다.

이듬해인 1947년 초여름부터 방송국의 어린이 극회 회원으로 활약하게 되었다. 방과 후에는 방송국에서 지나게 되어 경교장에 대한 호기심을 끊게 되었다. 사람을 잘 사귀는 네 살

아래 사촌동생 정자와 적극적이고 저돌적인 성격의 세 살 아래 사촌 동생인 류리를 통해 그 곳의 동향을 전해들을 뿐이었다. 동생들은 경교장 안에 살고 있는 중국에서 온 너무너무 예쁜 소녀와 사귀기도 하고 선생님께서 외출 중이실 때 정문 순경들의 허락을 얻어 정원에 들어가 잠깐씩 벚나무에서 송진도 떼어오고 풀꽃을 꺾어오기도 하는 모양이었다. 또 이시열 아저씨니 구자풍 아저씨니 하며 경교장에 살고 있던 청년들과 사귀어 잔디밭에 들어가 놀기도 한다고 내게 여러 가지 자랑을 했다.

1947년 가을로 기억되는 어느 날, 나는 동생들을 따라 경교장 너른 잔디밭에서 신나게 뛰어놀고 있었다. 그때 선생님께서 외출에서 돌아오셨다. 우리 형제들은 당황해서 어쩔 줄 모르고 서성대고 있었다. 현관 앞에 멈춰선 자동차에서 내리신 선생님께서는 안으로 들어가시지 않고 우리를 향해 잔디밭 가운데로 걸어오셨다. 겁에 질린 우리 형제들은 나를 중심으로 한 덩어리로 뭉쳐져 선생님을 바라보았다.

"뉘댁 애기들이냐?"

우리들 가까이 다가오신 선생님께서 내게 물으셨다. 당황한 나는 대답도 못한 채 우리 집 쪽을 손가락질했다.

"오! 오씨 댁 애기들이구나. 네 동생들이냐?"

"네."

선생님께서 우리의 성까지 아시고 계시는 게 너무 기뻐서 나는 고종 사촌들의 성씨와 이름까지 말씀드렸다. 선생님께서는 내 머리를 쓰다듬어 주시며 공부 잘하라고 말씀하시고 동생들의 머리도 차례로 쓰다듬어 주시고 안으로 들어가셨다.

그날의 감격을 어떻게 표현해야 할까? 우리 형제는 한달음에 집으로 돌아가 제가끔 자랑을 하기 바빴다. 나는 지금까지도 선생님께서 쓰다듬어주신 내 정수리를 자랑으로 여기며 그날의 감격을 되씹고 있다.

동생들의 후일담에는 그 무렵 선생님께서 손수 케이크 접시를 들고 나오셔서 나누어 주셨다는 이야기도 있다.

그리고 언제부터인지 확실한 기억은 없지만 우리는 경교장에 이따금 영화구경을 하러 가곤 했다. 그 소식은 동생들이 가져왔는데, 그날 저녁이 오면 우리 형제들뿐만 아니라 집안 어른들과 우리 집에 세 들어 살던 아주머니들도 모두 몰려갔다. 경교장이 개방되다시피 되어서 최창학 씨네 가족들은 물론 송월동과 신문로 쪽 사람들도 몰려와 동쪽의 너른 방이 사람들로 가득 차곤 했다. 북쪽 벽에 흰 천이 걸리고 영사기가 설치되고 방 가운데에는 의자가 줄지어 놓였다. 맨 앞줄에는 선생님께서 앉으실 의자가 놓여 있었다. 선생님께서 자리잡고 앉으시면 아이들은 선생님의 양 옆과 앞에 겹겹이 줄지어 앉았다. 영화가 시작될 때에는 숨조차 쉴 수 없을 정도로 방 안이 사람들로 꽉 찼다.

선생님께서는 마냥 기쁘신 듯 미소짓고 계셨다. 너무 흥분되어서 무슨 영화들을 보았는지 기억에 남아 있지 않지만, 리

버티 뉴스인가 하는 뉴스 영화로 시작되었던 것은 확실하다. 선생님의 활약하시는 모습이 화면에 나오면 우리는 다 함께 크게 박수를 쳤다.

1948년 경교장 뜰에 봄이 무르익던 어느 날, 수많은 젊은이들이 경교장 뜰 안 가득 몰려왔다. 그들은 무리지어 웅성거리기도 하고 구호를 외치기도 하고 울부짖기도 하고 누군가가 나서서 연설을 하기도 했다. 낮과 밤 동안 그들의 소란으로 우리 가족은 밤을 새워야 했다.

[나는 통일된 조국을 건설하려다가 38선을 베고 쓰러질지언정 일신의 구차한 안일을 위하여 단독정부를 세우는 데는 협력하지 아니하겠다.]

그들은 백범 김구 선생님께서 크나큰 다짐을 하시며 남북연석회의에 참석하시려고 38선을 넘으시는 것을 만류하러 온 청년들이었다. 그러나 그날 밤 선생님께서는 정문도 후문도 아닌, 최창학 씨가 살던 한옥 안채의 평동 쪽 문을 통해 장도에 오르셨다 한다. 그러나 그 크신 뜻은 이루어지지 못했고, 역사의 큰 흐름 속에 그 해 8월 15일에 남한만의 단독정부를 수립하게 되었다. 아마 선생님께서는 두 해 뒤에 우리 민족에게 닥칠 6·25의 모진 광풍과 오늘날까지 이어지는 분단의 비극을 예견하셔서 그처럼 좌우 두 세력의 화합을 원하셨을 것이다.

1949년 6월 26일 정오, 우리 겨레가 지도자를 잃는 날이 오고야 말았다. 졸업과 중학교 진학을 앞두고 부산한 나날을 보내고 있었으나, 그날은 일요일이라 내 방에 누워 책을 읽고 있었다. 난데없이 총소리가 들려왔다. 훗날 세 방이 발사되었다고 들었으나 나는 두 방의 총소리를 듣고는 밖으로 뛰어나갔다. 정문 초소의 경찰들이 총기 사고를 낸 것으로 짐작하고 정원 한 귀퉁이에 있는 움 위에 올라서서 경교장 정문 안쪽 경비실을 넘겨다보았다. 김일권, 조기행 두 순경이 총을 겨눠 든 자세로 사방을 두리번거리며, 이게 무슨 소리야, 어디서 났어, 하며 허둥거리고 있었다. 나는 다시 집으로 뛰어들어가 할머니께 옆집에 무슨 일이 났나 보다고 말씀드리고 이층으로 뛰어올라갔다. 이층에서 건너다본 경교장은 고요했다. 무성한 나뭇잎 사이로 보이는 선생님 방의 창문 쪽도 햇빛만 부서지고 있었다. 다시 뛰어내려와 정원의 움 위로 올라갔다. 정문 바깥쪽에 있는지 두 순경들의 모습은 보이지 않았다. 잠시 후 군용 지프 한 대가 들어가는 게 보였다. 별일 아닌 것 같아 방으로 돌아왔다.

그러나 이내 선생님께서 저격당하셨다는 비보가 날아들었다. 수많은 사람이 경교장으로 모여들기 시작했고, 우리 식구들도 충격에서 헤어나지 못하고 서성거렸다. 그날 저녁 어슬녘에 온 가족이 안방에 모여 앉아 있을 때였다. 경비행기 한 대가 날아와 요란한 소리를 내며 경교장 위를 낮게 날았다. 어디에선가 비보를 듣고 달려온 공군 장교인 김구 선생님의 아드님 김신 씨가 경교장 상공을 선회비행하는 소리였다. 집

밖의 일은 아무것도 모르시는 할머니가 크고 힘찬 목소리로 외치셨다.

"그 어른 아드님이 오셨구나. 이제 그 죽일 놈은 큰일 났다. 저 양반이 아버님 웬수를 살려두겠느냐? 결단났지, 결단났어."

그러문요, 죽여야지요, 죽일 거예요, 방 안의 여자들이 제가끔 떠들었다.

선생님의 장례는 10일장으로 장례날이 7월 5일로 결정되었다. 경교장뿐 아니라 서대문 일대는 인파로 넘쳐나게 되었다. 경교장 1층 동쪽 방에 빈소를 마련하고 선생님의 시신을 뵙고 예를 올리게 하였는데 문상 행렬이 적십자 병원을 지나 서대문 네거리까지 줄지어 이어졌다. 우리 가족도 줄에 서서 오랜 시간을 기다려 문상했다. 책상 앞에서 붓글씨를 쓰시다가 일을 당하셔서 왼쪽 뺨과 윗입술 쪽에 총상을 당하신 듯했다. 총상 자국에 반창고를 붙인 채 누워 계셨다. 동생들은 이튿날도 그 이튿날도 연이어 매일 예를 올리려고 행렬 틈에 끼어 경교장엘 들어갔다.

어허 여기 발 구르며 우는 소리
지금 저기 아우성치며 우는 소리
하늘도 땅도 울고 바다조차 우는 소리
끝없이 우는 소리 임이여 듣습니까
임이여 듣습니까

이은상 작사 김성태 작곡의 추도가가 만들어져 여러 대의 확성기를 통해 구슬프게 울려 퍼졌다. 추도가는 애간장이 녹아내리는 사연을 4절 가사에 담고 있었다.

7월 5일, 장례날이었다. 민족의 지도자를 잃은 비통함에 잠긴 사람들이 전국에서 모여들었다. 우리 식구들은 일찌감치 동양극장 앞에 나가 장례 행렬을 기다렸다. —두 조각 갈라진 땅 이대로 버리고서 천고의 한을 품고 어디로 가십니까……. 떠도신 칠십 년이 비바람도 세옵더니 돌아와 마지막에 광풍으로 지시다니— 애절한 추도가는 계속 우리의 귓전을 때렸다.

장례 행렬이 시작되었다. 오랜 세월이 지난 지금 장례 행렬의 순서를 기억할 수는 없지만, 하얀 바지저고리를 입고 삼베 두건을 쓴 수백 명 상두꾼의 끝없는 행렬을 기억하고, 청년들의 어깨에 메어져 높이 들려져가던 태극기에 휩싸여진 선생님의 관을 기억하고 있다. 행렬 양옆에 늘어서 인파를 정리하던 경찰관들과 말을 탄 기마순경도 기억에 떠올랐다. 할머니는 이승만 대통령이 죽어도 이처럼 훌륭한 장례는 치르지 못할 거라고 사람들과 속삭이셨다.

그날 오후 김구 선생님께서는 무사히 효창원에 묻히셨다. 우리는 역사의 한 장을 넘기고 일상의 생활로 돌아갔다. 9월에 나는 여자 중학교 학생이 되었다.

미국에 이민가서 살고 있는 사촌 동생 류리는 귀국할 때마다 그 무렵의 후일담을 말하곤 한다. 올해에는 김구 선생님

가족이 경교장을 떠나 이사하던 날 이야기를 했다.

경교장 대문 앞에서 이삿짐 트럭이 나가는 것을 한 대 두 대, 손꼽아 세다가 마지막으로 김신 씨가 탄 차가 나가는 것을 보고 동생들과 손을 흔들며 차를 따라 언덕길을 뛰어내려갔더니 김신 씨가 언덕 아래에서 차를 멈추고 아이들을 차에 태워 이사 가는 집까지 가서 구경시키고 집에 데려다 주었다고 했다.

학술회의가 끝나고 백범 기념관 현관 앞에 서서 선생님의 묘소 쪽을 올려다보며 잠시 묵념을 드렸다. 해마다 6월 26일이 오면 선생님을 추억하면서도 자주 찾아뵙지 못하는 죄송스러움을 말씀드리고, 경교장 건물이 제대로 보존되지 못하고 병원 대합실이 되어 뭇사람의 발길에 밟히는 것을 애석해하던 세월을 넘어, 이제 묘소 곁 아름다운 언덕에 훌륭한 기념관을 갖게 되어 기쁘다는 치하의 말씀을 드리고 발길을 돌렸다.

그곳에서 차마 말씀드리지 못한 이야기를 백범 기념관 언덕길을 걸어 내려오며 다시 선생님께 소곤거렸다.

선생님, 저희 내외는 53년째 잘 살고 있습니다. 지난해에는 제가 ≪백범 일지≫를 낭독하여 올해에 기념관 홈페이지에 백범 일지 오디오 북을 올리게 되어 영광으로 생각하고 있습니다. 안녕히 계십시오. 또 찾아뵙겠습니다.

(2006 에세이 문학)

고모의 선물

지난 봄 친지의 초청으로 미국 여행을 하던 중, 로스앤젤레스에 살고 계시는 작은고모댁을 방문하여 며칠 묵게 되었다.

고모는 올해 팔십육 세의 노인으로, 아들과 손녀딸과 함께 비교적 안정된 생활을 하고 계셨다. 심장에 인공 박동기까지 단 허약한 몸으로 십 년 전부터 배우기 시작한 동양화에 취미를 붙여 여러 가지 꽃과 호랑이, 말, 닭, 공작새를 그리고 전시회에도 출품하였으며, 내가 찾아갔을 때에도 가을 전시회에 출품할 그림을 그리는 중이었다. 한반도 지도 모양에 나비 백 마리를 채워가면서, 고모는 그 그림이 내 몫이라고 말했다. 고모는 그림에 몰두하다가 힘들면 침대에 누워 쉬곤 했는데, 짬짬이 살림살이까지 꾸려가고 계셨다. 자기가 움직여 내게 조석을 지어줄 수 있어서 다행이라며 내 방문을 기뻐하셨다.

고모는 나의 성장기에 많은 영향을 준 분이셨다. 고모의 입장에서 볼 때도 나는 다른 여느 조카들과 다른 특별한 의미를 갖는 존재였다. 나는 너를 위해서라면 죽을 수도 있다, 이 말은 철이 들면서부터 고모에게서 여러 차례 들은 말이다. 실제로 내가 어떤 작은 시비에 휘말리기라도 하면 고모는 앞뒤 가리지 않고 내 앞을 가로막고 나서주곤 했다. 그럴 때마다 나는 그 간섭에 난감해했다. 의협심이 강한 고모는 일찍 부모를 잃은 친정 첫 조카인 나를 자기 자식들보다 더 사랑하는 것 같았다. 자기 자식들에게도 내게는 무조건 복종하고 따르도록 길들여 놓아서, 함께 늙어가는 지금까지도 사촌 동생들은 나를 어려워하고 극진히 대한다.

고모는 손재주가 많아서 바느질도 잘하고 자수에도 능했다. 수복 후에 박내현 화백을 찾아가 자수 본을 받아다가 작품을 만들기도 했다. 양재를 배워, 내가 어릴 적부터 내게 멋진 양복을 만들어 입혔으며 여학교에 입학했을 때는 교복도 만들어 입혔다. 그 영향으로 훗날 나도 양재를 배워 글을 쓰기 시작한 오십 대 중반까지 가족들의 옷을 지어 입히게 되었다.

만남의 기쁨이 채 가시기도 전에 고모는 내게 주어 보낼 선물을 챙겨 내놓기 시작했다. 내가 할머니한테서 물려받아 보관하고 있는 백자항아리와 한 벌이라는 복수박만한 작은 백자항아리, 자세히 살펴보니 여러 조각으로 깨진 것을 접착제로 붙인 것이었다. 그 항아리 안에는 고모가 시집갈 때 가져간

혼수품이었다는 실에 꿰인 색색의 골무가 일곱 개, 이불 홑청 꿰매는 굵은실 두 타래와 명주실 뭉치, 언제 쓰던 건지 알 수 없는 서양 자수를 놓는 오색 실 뭉치, 그리고 처녀 때 달았다는 홍색 꽃댕기가 들어 있었다. 고모는 항아리를 살피는 내 눈치를 보며 불안해했다. 나는 고모를 안심시키려고 자신 있게 말했다.

"고모, 항아리는 짝 맞춰서 장식장 안에 간수하구요 실과 댕기는 칠십 년이 넘은 거니까 사료적 가치가 있겠네요. 기회 봐서 민속박물관이나 단국대 석주선 박물관에 기증하도록 할게요."

"아이구 얘, 무슨 박물관까지……."

내 말에 용기를 얻은 듯 고모는 침대 밑에서 지퍼 보따리와 단추 보따리를 꺼내놓았다. 도대체 제품 바느질이라도 하실 요량이었나, 하고 놀라며 인사로 몇 개 가져가려고 단추를 고르기 시작했다.

"얘, 많이 가져가라, 다 가져가도 괜찮아. 나 죽으면 쟤가 다 버릴 건데 뭘."

고모는 시큰둥한 얼굴로 곁에 앉아 있는 손녀를 쳐다보며 말했다. 나는 재빠른 손놀림으로 지퍼와 단추를 골라내서 커다란 봉투에 가득 담으며 기뻐하는 것 같은 태도를 보였다. 돌아가다가 태평양에 던져버린들 어떠랴. 죽음과 마주 선 고모한테 마지막 효도를 하자, 하는 심정이었다. 사실 내가 바느질 손 놓은 지가 한참되었고, 평생 바느질하며 사들인 부속품과 옷감이 서랍으로 몇 갠데……. 나 역시 자식들이 바느질을 하지 않아 물려줄 사람도 없는 판에 이게 웬일인가? 그러나 내 태도에 마음을 놓은 듯 고모는 옷감을 한 아름 내다가 내 앞에 쌓아놓으며 속바지랑 잠옷을 해 입으면 좋을 거라고 권하는 바람에 하는 수 없이 나는 고개를 또 끄덕였다. 그러자 어디서 얻어다 놓았는지 기저귀를 끼워 넣을 수 있는 환자용 팬티와 기저귀까지 내게 밀어놓더니, 나중에는 한 번도 안 쓴 풀솜 이불이라며 병풍 뒤에서 이불 보따리까지 꺼내다 내게 안겨 주었다. 결국 나는 비명을 지르고 말았다.

"고모, 이불은 정말 못 가져가요."

고모, 가는 데는 순서 없어요. 나도 이제 칠십을 바라보는데……. 라는 말이 그 말에 덧붙여 쏟아져 나올 뻔 했으나 용케 참아냈다.

"집에 이민 가방 안 쓰는 거 있으니까 다 가져갈 수 있어."

아쉬워하는 고모 앞에서 이불 보따리만은 끝내 사양했다. 사십 년간이나 이사를 안 하고 사는 내 살림이라 우리 집도 이불을 버리려면 작은 트럭을 불러야할 판인 것이다.

그날, 고모의 선물은 거기서 끝난 것이 아니었다. 앨범을 꺼내놓으며 내가 원하는 사진을 모두 떼어가라는 허락이 떨어졌다. 고모는 또, 나 죽으면…. 을 연발했다. 나는 천년만년 살 것 같은 기분이 되어 고모의 앨범에서 내게 없는 사진들을 삼십 여 장이나 뜯어냈다. 내가 백날이 조금 지났을 무렵 서대문 집 현관 앞에서 찍은 가족사진, 조부모님, 부모님, 두 고모의 행복한 모습들, 이 가족에게 닥칠 앞날의 비극을 알길 없는 사진 속 일곱 식구의 얼굴에는 자랑스럽고 행복한 미소가 넘치고 있었다. 그리고 죽은 남동생의 초등학교 입학 때 사진, 볼우물이 선명하게 보이는 다섯 살쯤 돼 보이는 내 사진, 갈래머리를 땋아 내린 열일곱 살 무렵의 교복 차림 독사진, 유치원 졸업 사진, 남편과 먼 훗날 결혼하기로 약속한 날 영도 바닷가에서 찍은 스냅 사진이 있었다. 그리고 당구를 치는, 베레모를 쓰고 덕수궁 큰 무쇠 화로 앞에 선, 한강의 뱃놀이에 간 듯 배 위에 선, 돌아가시기 전 대련의 사무실 창가에 걸터앉은 아버지의 사진들, 그 중에서도 나를 가장 가슴 떨리게 한 것은 평안북도 철산군에 있는 고향집 사진이었다.

명함 두 개 크기의 이 사진은 구십 년 정도 되었다고 짐작되는 오래된 사진이었다. 사진은 집을 지은 직후 기념으로 찍은 것인 듯했다. 성채와 같은 집 모양이 우람했고 기와 골까지 선명히 드러나는, 푸른색이 감도는 칼라사진이었다. 고모가 그 집에서 태어났다고 하니 구십 년 전 사진이란 말이 거짓은 아니다. 밤나무와 낙엽송이 우거졌던 야트막한 뒷산, 사진의 가운데를 가로지른 하얗고 긴 선은 집의 기단을 이루는 높직한 화강암 축대이다. 축대에는 본채와 사랑채와 러시아식 양관채로 오르는 높직한 층계가 세 개 있고 그 층계 위에는 솟을대문이 있다. 축대 아래에 학교 운동장만한 잔디밭이 보이고 참외밭과 콩밭과 삼밭을 지나 개천과 그 너머 느펑(늪)으로 가는 길이 넓게 찍혀 있었다. 고향집은 할아버지가 직접 설계하여 지으셨고 중국의 쿠리들을 데려다가 일을 시켰다. 쿠리들은 가족을 데리고 와서 움막을 짓고 살며 일했다 한다. 그 시절 할아버지는, 배산임수背山 臨水의 복지에 집을 짓고 자손이 흥성할 것을 의심치 않으셨을 것이다.

내게 선물을 안겨준 고모는 대물림을 해준 만족감이 얼굴 가득 빛나고 있었다.

"고맙습니다, 잘 지닐게요."

엉망이 된 앨범을 밀어놓고 감사의 인사를 하면서도 마음이 무거웠다.

행복하지 못했던 고모의 결혼생활, 오랜 친정살이의 고난 속에서 나를 친자식보다 더 사랑하고 기대를 품었던 고모의 마음, 고모는 어디까지나 고모이지 내 어머니일 수는 없다고 마음을 열지 못하던 쌀쌀맞은 나, 이제 함께 노을진 황혼 속을 걸어가면서도 바짝 다가가 어루만져 드리지 못하고 밍밍한 미소만 던질 뿐인 내가 미웠다.

"가을에 전시회 끝나면 저 그림 부쳐줄 게. 나 본 듯 두고 보아라."

네, 하고 대답하면서도, 어디 고모 본 듯할 것이 한두 가진가, 하고 마음속으로 쫑알거렸다.

나만 늙은 게 아니군요

지난 해 가을, 광화문에 있는 서울 갤러리 제1전시실에서는 '이은주李恩周가 만난 108인의 문화 예술인'이란 제호題號의 사진 전시회가 열렸다. 전시 작품은 사진작가 이은주 씨가 1980년부터 2003년에 걸쳐 촬영한 사진들이었다.

전시장에 들어서자, 108인의 유명인사들이 나를 반기는 듯해서 기분이 무척 좋았다. 신문기사를 보고 일부러 짬을 내서 찾아오길 잘했다는 생각이 들 만큼 그들 한 분 한 분과의 만남이 새삼스러웠다. 순간 포착의 사진술로 이처럼 인간 내면의 특성과 아름다움을 나타낼 수 있구나, 감탄하며 전시장 안을 여러 차례 돌고 또 돌았다.

수많은 인물 중에서도 내 생애의 한 순간을 스쳐 지난 분들의 사진 앞에서는 오래오래 멈춰 서서 바라보며 그 시절을 추억하며 마음속으로 이야기도 나누었다.

제일 먼저 발길이 멈춘 곳은 소프라노 이규도 씨의 사진 앞에서였다. 힘차고 아름다운 목소리로 부르던 '그리운 금강산'의 멜로디가 온몸을 휩싸는 듯했다. 지금 이 가수는 나를 전혀 기억하지 못하겠지만, 나는 그의 한 시절을 생생히 기억하며 내 피붙이의 성공을 자랑스러워하듯 그의 성공을 기뻐하고 있다.

이규도 씨를 처음 본 것은 1949년으로 기억된다. 그때 나는 초등학교 6학년생으로 서울중앙방송국 어린이극회에서 활동하고 있었고, 이규도 씨는 안병원, 권길상, 원치호 선생님이 지도교사이던 어린이 노래회 회원이었다. 이규도 씨는 그때 초등학교 3학년 학생이었던 것으로 기억된다. 방송국 건물이 비좁아서 늘 서로 부대끼며 지냈는데, 여러 합창단원 중에서 유독 이규도 씨를 기억하는 것은 뛰어난 노래솜씨 말고도, 어린이답지 않게 야무지고 담대한 성품 때문이다.

그 시절에는 생방송으로 프로그램이 제작되어 누구나 초긴장 상태에서 방송에 임하곤 했다. 어린이노래회의 방송 마무리에 시간이 조금씩 남는 경우가 있었다. 그럴 때면 지도 선생님은 나이가 어린 편인데도 꼭 이규도 어린이에게 눈짓을 하고 피아노로 전주를 시작하면 그는 서슴치 않고 나서서 노래를 불러 그 시간을 무사히 넘겨 방송국의 여러 어른들을 놀라게 하곤 했다. 그러나 전시장 사진 속의 이규도 씨는 잔주름이 수없이 잡힌 얼굴에 미소를 담고 나를 바라보고 있다.

어릴 적 방송국에서 만난 분 중에 연극배우 백성희 씨와 장민호 씨의 사진이 있었다. 백성희 씨는 여러 차례 성인극 시간에 함께 방송을 했으나 그분의 독특한 저음에 눌려서 가까이 다가가지 못했다. 몇 해 전, 한 모임에서 만나 인사를 나누고 보니 참으로 다정한 분이어서 예전에 사귈 기회를 놓친 것을 후회했다. 장민호 씨는 1947년 내가 초등학교 4학년 때 처음 방송국에 갔던, 바로 그날 만난 분이다. 조남사 씨, 민구 씨와 함께 해방 후 처음 뽑은 방송 연기자 연구생으로 방송국에 들어온 새내기였다. 초기에는 장돌이란 예명으로 어린이극에서 활동했다. 그 무렵 방송국에 여자 어린이 역을 할 연기자가 없었던지 어느 날 갑자기 학교 교실에서 뽑혀가 방송이 어떤 건지도 모르는 채 그 분들과 방송을 하게 되었다. 유명한 첫 번째 어린이 연속극 '똘똘이의 모험' 마지막회였다.

작가이며 예술평론가인 박용구 씨와 연출가 임영웅 씨, 명연극배우 박정자 씨는 동아방송 개국 시절에 만난 분들이다. 박용구 씨는 제작과장으로 계셨는데 내가 입사한 후 이내 그만두겠다고 하자 간곡히 만류하셨던 고마운 분으로 기억하고 있다. 임영웅 씨는 그 당시에는 연출가가 아닌 제작팀의 직원이었다. 초등학교 때 한 해 선배로 나와 친했던 오증자 씨의 남편이란 것을 알기에 남다른 친근감을 갖고 그를 바라보곤 했다. 같은 성우로 입사한 박정자 씨는 이화여대 학생이었는데 노래

솜씨가 제일 뛰어났었다. 허스키한 음성으로 샹송을 부르던 모습을 기억하고 있다. 오빠가 영화감독이라고 자랑하던 것도……. 앳된 대학생이던 그도 역시 주름진 얼굴로 사진 속에서 나를 바라보며 웃고 있었다.

한국 무용가 김백봉 씨는 수복 후 가회동 한옥에 무용연구소를 차렸을 때, 그곳 연구생이던 친구를 따라가 육간대청에서 제자들이 굿거리장단에 맞춰 춤추는 것을 보고 부러워했던 기억과 새로웠다. 전시된 사진 아래 푯말에는 무대미술가라고 적혀 있으나 연극 연출가이며 극단 운영자로 알고 있는 이병복 씨의 모습을 보며 40년 전 장충동에 살 때, 바로 뒷동네에 살던 그들 두 내외가 우리 동네를 지나는 것을 볼 때마다 달려가서 인사하고 함께 연극 활동을 하겠다고 나서고 싶은 충동을 느꼈던 그 시절을 회고하게 했다. 아이가 넷씩 딸려 대문 밖을 모르고 살던 아줌마가 참 꿈도 야무졌었다고 쓴웃음을 지었다.

물방울 화가 김창열 씨, 그림은 많이 보았으나 사진으로는 처음 대하는 그 재주 많은 사람. 고교 시절, 학년은 한 해 아래지만 그도 나도 키가 커서 조회 시간이면 줄 맨 끄트머리에 옆반 친구처럼 나란히 섰던 임국희 아나운서. 그리고 바이올리니스트 장영주와 정명화가 있었다. 장영주는 그의 할머니의 남다른 교육열이 손녀딸에게 이어져 천재 음악가로 만들어졌고, 정명화 역시 위대한 그의 어머니의 열정으로 만들어진 세계적인 우리의 음악가다. 가느다란 인연의 줄로 이어져 그들의 어린 시절부터 눈여겨보던 인연 때문에 그들이 더욱 자랑스러웠다.

전시장 문을 나서다가 친지들을 배웅하는 이은주 씨와 마주쳤다. 자그마한 체구의 중년 여인이었다. 그는 내게도 눈인사를 건넸다. 훌륭한 전시회였다고, 수고하셨다고, 치하의 말을 건네고 한 걸음 떼어놓다가 다시 그를 향해 돌아섰다.

"그런데요, 나만 늙은 게 아니더군요!"

그에게 더 많은 주름살을 보이려고 활짝 웃었다. 그의 기억 속에다 내 사진도 한 장 박아 넣었다고 만족해하며 그 자리를 떴다. 아름다운 추억여행이었다.

조선백자 청화목단문 호朝鮮白瓷 青華牧丹文 壺

국립중앙박물관에는 '수정 기념실'이란 전시실이 있다. 입구에는 수정水晶 박병래朴秉來 선생의 존영이 부조된 동판과 안내문이 걸려 있다. 박병래 선생은 개업의로서 1903년에 태어나 72세에 타계하였으며 애도가愛陶家라고 적혀 있다. 일제시대부터 백자白瓷를 수집하였는데, 골동품을 수집하던 당시의 부호들과는 달리 수집 자세가 분명하고 깔끔하였다 한다. 돌아가시기 직전에 326점의 수집품을 국립중앙박물관에 기증하였는데, 청화백자 초충매조죽문 호青華白瓷草蟲梅鳥竹文 壺 청화백자 누각산수문 호青華白瓷樓閣山水文 壺 토끼형 연적硯滴 등, 조선중기 이후의 명품들이 많이 포함되어 있다.

이 전시실은 내가 무척 좋아하는 곳이다. 전시실 안에 들어서면 마음이 포근해지고 입가에는 저절로 미소가 떠오른다

문화유산을 향한 수정 선생의 뜨거운 사랑, 우리 것을 보존하려는 집념, 돈으로 가치를 매길 수 없는 귀중품을 국가에 헌납한 너른 마음이 나를 감동시키기 때문이다. 기증 당시, 일간신문에 연재되었던 그분의 수집 회고담을 읽었기에 전시품들이 더욱 내게 가까이 다가오는가 보다.

지금까지도 기억되는 수집 일화 하나를 소개하면, 어느 날 수정 선생은 왕진을 가서 환자를 치료하고 나오다 댓돌 아래 놓인 환자의 오줌 그릇을 발견한다. 오줌버캐가 끼고 때에 절었지만 백자 필통임을 첫눈에 알아본다. 결국 그는 병이 위중한 환자를 여러 날 걸려 치료하고, 치료비 대신 오줌 그릇을 받아들고 나온다. 한 사람의 안목이 깨어져 사금파리로 버려졌을 문화유산을 구해내 박물관 전시장에 옮겨놓은 것이다.

수정 전시실을 둘러볼 때마다, 오래 전에 돌아가신 할아버지를 생각하게 된다. 수정 선생과 같은 세대를 사셨고, 그분에 못지않은 재산을 가지고 계셨던 할아버지가 명품 도자기 한 점 남기지 못한데 대한 원망이 앞서서이다. 한 세상을 살아오면서 손바닥만한 현대화 한 점, 도자기 한 점 수집하지 못한 내 입장에서, 할아버지의 유품을 바라고 섭섭한 마음을 갖는다는 것은 염치없는 일이나, 그 자리에서 느끼곤 하는 솔직한 심정이다.

할아버지는 골동품 수집가이며 배우개 부자인 간송澗松 전형필全鎣弼 선생과도 교분이 있으셨다. 서화에는 취미가 깊으셨던 모양으로, 나는 어린 시절에 중국 산수화 병풍과 족자와 화첩들을 본 기억이 있다. 그 물건들은 할아버지 생전에 남의 손에 넘겨졌거나, 전란과 화재로 멸실되어 버렸다. 만약 한두 점의 서화나 도자기가 남아 있다면, 그것을 선뜻 박물관에 기증할 아량이 내게 있을까. 또 그 가치를 알고 영구 보존할 만한 능력이 내게 있을까. 자신을 의심해 본다.

영구 보존까지는 몰라도, 보존의 문제만을 따지고 본다면 내게 어느 정도 자신이 있긴 하다. 할머니가 쓰시던 몇 점의 생활 도자기를 지금까지 보존하고 있기 때문이다. 그 시절 어느 집에서나 대청 뒤주 위에 층층이 쌓아놓았던 장식용 백 항아리, 주먹만하고 갓난아기 머리통만한 크고 작은 전라도산 오지 양념 항아리, 장독대에서 뒹굴던 백자 고추장 항아리와 김치 항아리들이 내 소장품이다.

그 항아리들은 박물관 강좌에 나가게 된 뒤부터 자리를 옮겨 앉기 시작했다. 김치 항아리와 양념단지들은 장식장 안으로 자리를 옮겼고, 장독대 위에서 뒹굴던 고추장 항아리는 싱크대 아래 칸으로 들어갔다.

지난 가을에는 도자기사陶瓷器史 강좌에 참석했는데, 그곳에서 골동품 도자기 시세에 대한 이야기를 듣게 되었다. 강의가 끝난 후 내 머릿속에는 도자기 강의 내용보다 박물관에 전시된 백자 달항아리 시세가 10억 원이 넘는다던 말만이 맴돌았다.

그날 받은 자극은, 싱크대 아래 칸에 먼지를 덮고 들어앉은 백자 항아리를 끄집어내도록 만들었다. 강의에서 배운 지식을 종합해서 항아리를 자세히 살펴보았다. 전부터 제법 심상치 않다고 생각했던 백자 항아리는 크기가 축구공만 했고, 모란꽃 한 송이와 꽃봉오리와 여러 개의 잎이 달린, 꽃가지 두 개가 항아리 둘레에 대칭을 이루며 그려져 있다. 윗부분인 입술 아랫부분에는 구름무늬가 그려져 있고, 운두가 한 치 가까이 되는 입술 부분에는 완자무늬가 그려져 있다. 입술 한 귀퉁이가 떨어져나간 것이 그간의 항아리가 겪은 세월의 풍상을 말해주고 있었다.

곰곰이 따져보니, 장독대에 고추장 항아리로 나앉기 전에는 부엌 윗청에서 나박김치 항아리로 사용되던 일이 생각났다. 그 이전에 이 항아리는 어디 있었을까. 어릴 적, 전쟁이 나기 전에 응접실 탁자 위에 놓였던 것을 본 것 같기도 하고 아닌 것 같기도 하다.

다음 강의 시간에는 깨끗이 씻은 항아리를 싸들고 박물관으로 향했다. 항아리를 살펴본 도자기 전문가는 아래 굽다리가 깊은 것이 광주廣州 분원리分院里 작품이라고 자신 있게 말했다. 적어도 100년은 넘은 생활 도자기란다. 항아리 이름은 조선백자 청화모란문 항아리라나. 인사동에 가면 파손된 부분을 간단히 수리할 수 있으니 고추장 항아리로 사용하지 말고 방에 놓고 감상하라고 자상히 말해 준다.

박물관 직원이 문 밖까지 따라 나오며 값비싼 물건이니 조심해 가라고 주의를 준다. 시세가 얼마나 갈 것 같으냐고 묻고 싶은 마음을 겨우 억누른다.

"팔 것 아니니까요. 손녀딸 물려주어야죠."

생각지도 않던 말이 나온다.

청화백자 모란문 항아리는 이제 내 서재 탁자 위에 놓여 있다. 책을 읽다가 눈을 쉴 때면 항아리를 바라본다. 장독대 위에서 구르게 하던 일은 모두 잊고 값진 보물을 대하는 흐뭇한 마음이다. 단아한 몸매와 부드러운 곡선의 아름다움, 살며시 쓰다듬어 보면 차가운 감촉이 정신을 맑게 한다. 할아버님을 원망하던 헛된 욕심은 사라졌다. 명품이 아니면 어떠랴. 값어치가 없은들 어떠랴. 나는 100년이 넘게 사용해 온 조상의 유물을 쓰다듬고 있는 것이다. 옛날 옛날에 할머니가 새댁일 적에, 할아버지는 운종가雲鐘街나 배우개 사기전砂器廛에서 할머니를 위해 항아리를 사셨으리라. 아니면 전형필 선생의 영향을 받아 구입하신 것은 아닐까. 할아버지가 돌아가신 지금 그 내력을 물을 길이 없다.

항아리를 가슴에 끌어안는다. 할아버지와 할머니 모습이 떠오르고, 두 분 모습 위로 네살배기 손녀의 희고 둥근 얼굴이 겹쳐진다.

조선백자 항아리가 서재에 들어앉은 날부터, 외출할 때면 활짝 열어놓던 방문에 자물쇠를 채운다. 소유한다는 것이 얼마나 두렵고 거추장스러운 것인가를 실감하면서 다시 한 번

수정 박병래 선생의 높은 뜻을 기리게 된다.

국립중앙박물관의 수정 기념실은, 물건의 가치나 사람의 값어치는 그것을 알아볼 수 있는 안목에 의해 그 빛을 발할 수도 있고 묻혀버릴 수도 있다는 진리를 새삼 우리에게 깨닫게 한다.

(1994년 바람이 켜는 노래)

수선전도首善全圖

병원에 다녀오던 길에 우연히 들른 연세대학교 박물관에서 채색 지도 한 장을 만났다. 조선시대 말엽(순조 24년), 고산자古山子 김정호金正浩가 만든 수선전도首善全圖란 이름의 옛 한양 지도이다. 박물관 2층 학교사실學校史室에 걸린 이 지도는 목판본으로, 곱게 채색되어 있고, 지명이 한글로 기입되어 있는 것이 특징이다.

지도에 붙은 설명문에는 예전에 세브란스 병원에 재직한 헤론 선교사의 유품으로 모펫 선교사가 보관하다가 학교에 기증했으며, 세브란스 병원의 전신인 광혜원을 '재ㅅ골'에 개원한 1885년 무렵 사용하던 것으로 당시 우리나라에 와 있던 외국인을 위해 만들어진 지도로 추측된다고 씌어 있다.

아름다운 지도를 만난 감격에 휩싸여 내 발걸음은 그 자리에 못 박히고 만다. 싸늘한 12월 날씨에 난방도 안 되고 관람객도 나 말고는 아무도 없는 썰렁한 전시실이지만, 모든 것을 잊고 지도 속 옛날로 빨려들어간다. 이 지도만큼 재미있는 것은 처음 보는 것 같아 시간가는 줄 모르고 지도에서 눈을 떼지 못한다. 서울에서 태어나 오늘까지 60여 년을 살아와서 서울 장안의 큰 길과 골목길, 개천과 도랑창까지 소상히 알고 있기에 남다른 흥미를 느끼는 모양이다.

맨 위에 씌어진 지도 이름은 수선전도가 아닌 '도젼션슈'이다. 지도 이름뿐 아니라 지도의 모든 지명은 당시 표기 방식대로 오른쪽부터 시작된다. 지도 이름 아래 오른쪽에는 '한양도셩 주회가 구천구백칠십오보 고는 사십척이촌 성문이 여덜이라'고 씌어 있고, 왼쪽에는 '오부 사십구방 동부는 십이방 서부는 팔방 동방부는 팔방 남부는 십일방 북부는 십방'이라 씌어 있다. 아마 행정구역을 말하는가 보다.

수선전도의 위쪽에는 한양의 진산인 북한산의 만경, 백운, 인수의 세 봉우리를 가운데 두고 여러 산봉우리와 도봉산의 연봉이 그려져 있고, 상원암, 진국사, 용암사 대성문, 신흥사, 하계사가 표기되어 있다. 하계사란 현 위치인 수유리로 옮겨오기 전의 화계사를 말하는 게 아닐까.

한양도성은 백악이라고 표기된 청와대 뒷산과 인왕산, 목멱산, 타락산, 응봉을 이용하여 둘러쌓았고, 여덟 개의 성문이 그려져 있다.

지도 임자인 헤론 선교사는 펜으로 지도 위에 부호를 적어 넣고, 지도 맨 아랫부분에 부호에 대한 해설을 영문으로 적어 놓았다. 성문도 하나하나 번호 매김을 했는데, 슝녜문 남대문(1), 쇼의문 셔소문(2), 돈의문 서대문(3), 창의문(4), 숙정문(5), 혜화문(6), 흥인지문(7), 광희문(8)이다. 종루라 표기된 보신각만은 지도에 직접 Big Bell이라 적어 넣었다.

그 시절 헤론 선교사가 지도를 들고 도성 안 여기저기를 찾아다니던 모습이 눈에 선하다. 사인교나 가마나 조랑말을 탄 그의 모습이 어른거리는가 하면, 상투 튼 남정네와 아기를 업은 여인네의 눈총을 받으며 조무래기 아이들에 둘러싸여 허둥거리는 모습도 떠오른다.

도성 안에는 근정전과 경회지, 광화문과 신무문이 그려진 경복궁이 있고, 창덕궁과 창경궁과 종묘가 한 울타리 안에 그려져 있다. 일본이 침략하여 원남동 길을 뚫어 창경궁과 종묘를 갈라놓기 전의 지도이니 당연하다. 경복궁 서쪽에는 사직단이 있고, 사직단 남쪽에는 경희궁이 있다. 지도를 보면서 덕수궁이 보이지 않아 의아하게 생각한다. 정동 근처에 아라사국공사관, 미국공사관, 영국공사관은 이미 들어와 표기되어 있는데, 있어야 할 덕수궁은 이름도 담도 표기되어 있지 않고 근처에 명녜궁이라 적혀 있다.

붉은 선으로 그려 넣은 도로표시는 돈의문에서 흥인지문, 광화문 앞 육조거리, 종루에서 숭녜문, 교동에서 영희젼이 다른 길보다 굵게 그려져 중요한 대로임을 알게 한다. 토지구획은 검은 선으로 그어졌고, 하천은 청색선이다. 한양 성곽의 남쪽 절반을 싸고 도는 한강 원류가 지도 아래쪽 성 밖에 다른 하천보다 몇 갑절 굵게 청색으로 그려져 있다.

도성 한가운데를 가로질러 흐르는 청계천은 남북에서 흘러드는 물길을 모두 거두어 오간슈문을 지나며 성안을 빠져나가 살꽂이다리께를 지나 한강으로 흘러든다. 지금은 다 복개되어 눈앞에서 사라져버린 낯익은 개천이 한꺼번에 살아나와 돌돌돌 물소리를 내며 흐르는 듯 느껴진다.

해방 전에 초등학교 다닐 적만 해도 삼청동 골짜기에서 흘러내리는 학교 앞 개천에는 빨래터가 있어 가마솥을 걸어놓고 빨래를 삶아내는 근처 아낙네의 방망이 소리가 끊일 날이 없었다. 그때에도 도시계획이 이루어져 있어서 지도에 보이는 개천 가운데 여러 곳이 메워져 하수도로 묻힌 후이다.

개천에 놓인 다리 이름이 재미있다. 대광충교, 장차골다리, 수표교, 화리겨다리, 마전다리, 새다리, 헌다리, 첫다리…. 동네 이름도 가지가지다. 소공동은 소공주골, 롯데호텔 근처는 곤당골, 기생아씨 동네인 다방골과 띄골, 슈진방, 적선방, 큰 우물이 있어 생긴 동산우물골, 회화우물골, 질우물골, 돌우물골은 우물물에 의지해 살던 생활모습을 잘 보여주고 있다. 현재까지 사용되고 있는 동네 이름으로는 평동, 명동, 필동이 있다.

내가 가장 주의 깊게 살펴보는 곳은 태어나고 자라난 곳인 서대문 밖이다. 지난해 효자동에 있는 '사랑방' 현관에서 본, 옛 한양 지도에서는 우리가 살던 집이 경기 감영 터의 후원쯤으로 보였는데, 이 지도 역시 적십자 병원이 감영 터임을 보여주고 있다. 할머니께서 서대문 네거리를 '개명 앞 네거리'라 하시던 것은 감영 앞 네거리의 서울 사투리식 된발음으로 개명 앞이 되었던 게 아닌가 싶다. 모화관 동냥아치를 '뫄간 동양아치'라 하고, 무악재 고개를 '뫅재고개'라 하던 것과 맥이 통하는 이야기이다.

해방 후에 김구金九 선생이 환국하여 사시던 집이 우리 집과 담을 사이에 한 최창학이란 분의 집이었다. 김구 선생이 사시게 되면서 그 집이 경교장京橋莊이라는 이름으로 불리게 되어 이름의 연유를 알고 싶었는데, 돈의문 밖에 경교京橋라는 다리 이름을 보니 오랜 궁금증이 풀린다. 지금은 복개되어버린 서대문 네거리 적십자 병원 앞에 돈의문이 바라보이는 곳쯤에 있었던 다리인 듯하다. 서울에 이르는 다리라는 뜻인가 보다.

또 한 가지, 예전에 우리 집과 왕래가 잦던 분에 '댄피골집'이라 불리던 이가 있었다. 재담에 능해 남을 잘 웃기고, 옛 서울말의 특징인 곁말을 많이 써 말솜씨가 아기자기했던 모양이다. 내가 철들기 전에 세상을 떠나서 그분을 기억할 수는 없으나, 오래도록 '댄피골집 아주머니'란 이름과 말솜씨에 대한 추억담이 가족의 화제에 오르곤 해서 친근감을 느끼며 그분의 모습은 어떠했으며 댄피골이란 어디쯤 있는 동네일까 하고 생각했는데, 광화문에 있는 당주동에 '단피골'이라 적혀 있어 그

분을 만난 듯 반가운 마음이 든다.

우리 집은 광화문통 125번지에 살다가 내가 태어나기 직전에 서대문으로 이사했는데, 일본인이 지은 정원이 넓고 규모가 큰 집이었다. 요즈음으로 치면 '분당' 정도로 생각되는 신개발지인 변두리로 이사를 간 것이다. 할머니는 넓은 새 집으로 이사간 기쁨을 누리기보다 친지들에게 '서대문 밖 아주머니'로 불리게 된 것을 치욕으로 생각하셨다.

서울 수복 후, 20년간 산 그 집을 팔고 당주동의 작은 한옥으로 이사했는데, 할머니는 큰 저택을 판 서운함이나 몰락해 버린 슬픔을 도성 안 사람이 된 신분회복을 기뻐하는 것으로 위로하셨다. 그때는 이해할 수 없던 할머니의 심정이, 이제 수선전도에서 한양을 둘러싼 성벽을 보고서야 성 안과 성 밖, 우대와 아래대를 가르던 조선조 한양 토박이의 생활감정의 흐름을 느끼며 이해하게 된다.

마치 한 폭의 산수화를 바라보는 것 같은 수선전도의 한양성안 풍경은 헤론 선교사가 이 땅에 들어와 지도를 펼쳐든 무렵부터 변화의 소용돌이에 휘말렸을 것이다.

일본과 청국의 세력 겨룸을 시작으로 열강이 몰려들고, 청국인 거리와 일본인 거류지가 생겨난다. 1882년 제물포조약 체결 이후, 일본인들은 경운동慶雲洞 박영효朴泳孝의 집을 사들여 그 자리에 2층 목조건물인 일본공사관을 짓는다. 건축 후 곧 불타버렸다는 그 건물이 한양성에 처음 지어진 양옥 2층집이라 한다.

예닐곱 살 적에, 할아버지가 바깥출입에서 돌아오셔서 할머니와 나누시던 말씀이 떠오른다.

"생기느니 집장사집이야. 그 좋은 구옥을 다 허물고, 성냥까치 같은 걸로 지어 분칠만 하다니…. 이 애들은 아무것도 모르지. 암, 알 수가 없지. 다 없애버렸으니…."

이제 우리의 서울은 일제에 의해 훼손되어 옛 모양을 잃어버린 궁궐과 성곽의 일부분 외에는 한양도성을 기억할 것이 없다. 정도 600년이라 하지만, 지난 100년 동안 개발이라는 이름으로 훼손되어 오랜 세월 이어온 우리 삶의 본래 모습은 헤아릴 길조차 없게 되었다. 외국침략과 난리와 가난과 얇은 안목을 탓하고 있지만, 조금이라도 더 보존을 위한 노력이 있었더라면 하는 아쉬움을 금할 수 없다. 후손에게 남긴다는 의미뿐만 아니라 관광자원으로도 세계를 향해 우리만이 보여줄 수 있는 문화유산으로 가꿔나갈 수 있었을 것이다.

우리는 가난했기에, 우리는 너무 고통스러운 삶을 살아왔기에 라고 변명 아닌 변명으로 마음을 다독여본다.

수선전도에 아쉬움을 남기고 박물관 문을 나선다. 백양로에는 무리지어 오가는 젊은이들로 열기가 넘친다. 출진을 앞둔 병사들의 술렁거림처럼 소란스럽다. 갖가지 플래카드가 펄럭인다. 출진의 깃발 같다. 저 젊은이들이 꾸며가고 이어갈 우리나라와 우리의 서울을 기대하며 발걸음을 재촉한다.

(1994년 수필공원)

하날 때 두알 때 사마중 날 때

일요일이나 공휴일이면 살림나서 살고 있는 자식들이 찾아온다. 두 아들네와 딸네 식구들이다. 한 집에 아이가 둘씩인데 모두 고만고만하다. 여섯 살짜리 손자가 둘, 네 살 동갑내기 손자와 외손녀, 그 아래로 세 살 두 살의 손녀가 있다. 아이들이 오는 날은 집안이 떠들썩하다. 아이들은 들어서자마자, 우리 내외의 목을 끌어안고 뺨에 입을 맞추거나, 큰절을 하면서 환성을 지른다. 아이 아범이나 어멈끼리도 가벼운 농담이나 웃음이 오간다. 아직 혼인 전인 막내는 형제 간이나 조카들에게 제일 인기가 있다. 아이들은 삼촌을 만만히 보고 저희 친구 대하듯 한다. 반가운 마음에 들뜬 기분이 되고 집안엔 화기가 넘친다.

이럴 때의 내 흐뭇한 마음은 비할 데가 없다. 인생 최고의

날인 것이다. 이 순간을 목표로 삼고 달려온 것이 아닐까 하는 생각이 든다. 저희 형제 간이 모여 앉아 정담을 나누는 장면이나, 우리 내외가 손자들에 둘러싸여 행복한 웃음을 짓는 장면은 자식들을 낳고 기르며 수없이 눈앞에 그려보던 것들이다.

그런데 언제부터인가 이 모든 것이 힘에 겨워지기 시작하고 있다. 그것은 전혀 예상치 못한 일이기 때문에 나를 당황하게 한다. 몇 해 전만 해도, 아니 지난 해까지만 해도 느끼지 못하던 일이다. 아직 그 정도의 일을 감당 못하게 되었다고는 생각지 않는데, 열다섯 식구의 하루 살림을 치르고 나면 녹초가 되어버린다. 층층시하에 사시던 옛 분들의 고달픔이 어떠했는가를 실감하게 되고, 열한 명의 손자들이 와글대던 대가족을 이끄시며 어렵던 시절을 살아내신 할머니를 추억하게 된다.

한편으로 자식들 쪽도 잦은 방문에 부담을 느끼지 않을까 하고 염려되기도 한다. 그렇다고 찾아오는 자식들에게 내색을 할 수도 없는 일이다. 곰곰이 생각해 보면, 자식들이 부모에 대해 갖는 그 정도의 부담쯤은 있어야 하지 않을까 싶기도 하다. 그 애들은 아무 간섭 없이 저희들대로 각 살림을 살지만, 부모라는 하나의 구심점이 있다는 것을 늘 염두에 두어야 하리라고 생각되어서다. 그저 순리대로 저희들 하는 대로 맡겨야 할까 보다.

내 몸이 아무리 힘겹더라도, 우리 내외가 쾌적하고 한가로운 휴일을 놓칠지라도, 손자들한테 사촌끼리 살 비비며 지내는 즐거움을 주고, 사회에 나가 각각 동떨어진 길을 가고 있는 우리 자식들이 잠시 동안이라도 서로의 눈빛을 확인하는 순간을 갖는 것은 더 중요한 것이기 때문이다.

일요일인 오늘도 아이들은 집안 가득 모여들었다. 나는 무얼 먹여야 좋을까 하고 궁리하기 바쁘다. 재빨리 결정하여 장을 봐 들여야 한다. 아니면 여기저기서 은근한 재촉을 당하게 된다. 양팔 가득 찬거리며 과일을 사다 부엌에 들여놓는다. 두 며느리와 딸이 마주앉아 찬거리를 손질하며 소곤댄다.

"우리 애 아빠는요 머리를 자르지 못하게 해요, 형님."

"남자들은 긴 머리를 좋아하나 봐. 우리 그이두 그래."

"큰언니, 우리 그인 그렇지 않아. 내가 좋으면 자기는 다 좋대요."

그 애들은 은근히 제 남편 자랑을 하며 행복한 얼굴이 된다. 내 얼굴에도 웃음이 모인다.

여섯 아이들은 연신 이 방 저 방을 돌며 부산을 떤다. 할아버지한테서 과자라도 한 봉지씩 받아들면 집안은 어느새 수라장이 된다. 누구든 한 사람은 종일 걸레를 들고 아이들 뒤를 따라다녀야 한다. 한 아이가 목이 마르다고 물을 찾으면, 나머지 아이들도 모두 한 모금씩 마셔야 한다. 만나기만 하면 '닌자 거북'이니 '마이티 마우스'니 '아기 공룡 둘리'니 하며 만화 이야기로 대화가 척척 통하는 큰애들 뒤를 작은애들이 줄지어 따라다닌다. 이제 겨우 걸음걸이가 확실해진 작은손녀도 결코 축에서 빠지지 않고 끼어든다. 말이 서툴러도 아이들끼리는 의사소통이 잘 되는 게 신기하기만 하다.

어째 집안이 조용하다고 생각하며 안방으로 들어가니, 아이들은 그곳에서 할아버지와 놀고 있다. 작은 손녀가 집어든 할아버지 돋보기를 제 언니가 빼앗았다며 울기 시작한다. 큰놈들이 나서서 다시 빼앗는다. 자매 간의 이중창이 시작된다. 아이들 할아버지는 기진한 듯 몸피마저 졸아들어 보인다. 제발 데리고 나가달라고 나를 향해 손짓한다. 아이들을 몰고 방을 나오는데 등뒤에서 방문 잠그는 소리가 들린다. 그이는 손자들을 끔찍이 귀여워하지만 놀아주는 건 잠시뿐이다. 하지만, 할아버지가 방문을 잠근다 해도 아이들은 이내 문을 두드리며 열어달라고 소리칠 것이다. 그러면 그이는 며느리들이 눈치채고 섭섭해 할까 봐 서둘러 문고리를 풀 것이다.

손자들을 데리고 건넌방으로 들어간다. 어떻게 하면 아이들을 한 자리에 앉혀둘 수 있을지 난감하기만 하다. 내가 어렸을 적에, 재미있던 놀이는 무엇이었나? 그렇지, 그게 있구나. 방 가운데 앉아 다리를 쭉 뻗는다. 아이들도 마주보고 앉아 다리를 뻗게 한다. 노란 바지, 초록 바지, 까만 바지, 줄무늬 양말, 분홍 양말, 파란 양말이 나란히 늘어 놓인다.

"자, 술래는 노래하기다. 하날때, 두알때, 사마중 날때…."

할머니가 우리 형제들을 모아놓고 하시던 대로 나도 손자들 다리를 하나하나 짚어나간다. 아이들은 눈을 반짝이며 숨을 죽인다. 손이 닿으면 몸을 흠짓한다. 나도 아이들의 몽골몽골한 다리에 손이 닿을 때마다 가슴이 자르르한다.

"육낭거지, 팔때, 장군, 고드래뽕."

뽕 소리가 날 때마다 다리가 하나씩 밀려나간다. 징징거리던 아이도 뽕 소리에 활짝 웃는다. 술래가 나왔다. 문갑 위에 올려 세운다. 술래는 서슴없이 노래를 부른다. 다 함께 박수를 친다. 아이들은 노래하고 싶고 박수에 묻히고 싶어 술래가 되게 해달라고 내게 청을 한다. 요즈음엔 아이들까지도 노래와 박수와 환호를 좋아하나 보다. 아이들 아범도 방문턱에서 기웃거리며 웃고 있다.

옛날 옛날, 우리들 할머니의 낮고 부드러운 음성을 떠올려 본다. 그 음률에 맞추어 흥을 돋운다.

인생이란 이런 것인가. 이것이 내 삶의 남은 몫이란 말인가. 기쁨 속에서도 괜스레 눈물이 핑 돈다.

(1992년 창작수필)

여름이를 보내고

매서운 꽃샘추위가 들이닥친 날, 우리 집 마당식구인 여름이가 죽었다. 아침에 일어나 뜰에 나가보니 어제 뜰 안팎을 정리하며 마른 풀을 잘라 쌓아놓은 덤불 무더기 위에 여름이가 네 다리를 쭉 뻗고 누워 있었다. 멀리서 보아도 죽은 게 확실했다. 그 주검을 보며 불쌍하다거나 슬프다는 생각이 들지 않고 왠지 편안함을 느꼈다. 나 자신의 야멸차고 냉정한 성품에 몸이 떨렸다.

여름이는 열다섯 살인 늙은 개다. 태어나서 십오 년 동안을 우리 가족과 함께 살아왔다. 개가 태어나서 첫돌이 되면 사람 나이로는 십팔 세, 청년기에 이른다고 한다. 그 다음 해부터는 학자에 따라 계산법이 다르긴 하지만 사람의 1년을 개는 4년에서 4년 반으로 계산한다고 한다. 그래서 개의 나이 열 살에 이르면 사람의 나이로는 환갑 나이가 된다. 예전에는 개가 열 살이 넘으면 집에서 기르지 않았다 한다. 여름이는 팔십 세의 노인이 되어 천명을 다했다고 생각할 수 있다.

몇 해 전부터 여름이는 상태가 좋지 않았다. 주인 엄마인 내가 앓는 병은 다 따라 앓겠다는 듯 백내장으로 시력이 많이 나빠졌고 관절염을 앓아 계단 오르내리기를 힘들어 했다. 그래도 나는 운동을 해야 한다며 밥그릇을 계단 위 현관문 옆에 놓아주었다. 내가 시중들고 보살펴주기 좋은 자리라는 이유이기도 했다.

우리 집에는 토종 바둑이인 여름이 말고도 마당식구가 둘 더 있다. 황금색 긴 털이 멋진 자그마한 몸매의 다롱이가 있고, 삽살개 비슷하게 생긴 썰렁이가 있다. 둘이 다 수입해온 개의 혈통인 것 같다. 다롱이는 몸놀림이 재빠르고 눈치도 빠르다. 먹새도 좋다. 여름이를 향한 내 배려를 시샘하여 늘 나를 따라 다니며 강중강중 뛴다. 그렇게 약아빠져도 허점은 있다. 배설 장소가 문제다. 다른 개들은 어디에 배설을 하는지 모르게 구석진 곳 흙에 누는데 다롱이는 장독대, 아니면 차고 바닥, 아니면 대문간에서 해결한다. 아무리 꾸짖고 가르쳐도 막무가내다. 여러 해 동안 다롱이를 이해하지 못하고 꾸짖기만 하다가 이제는 내가 이해하게 되었다. 다롱이는 아파트에 살다가 주인네가 외국으로 이주하게 되어 우리에게로 온 개다. 어릴 때부터 화장실의 일정한 장소에서 일을 보도록 훈련되어 흙바닥에 누라는 내 명령이 결코 이해되지 않았던 모양이다. 썰렁이는 목청 좋고 순하고 착한데 식탐이 많아서 늘 골칫거리다. 과자건 고깃덩이건 던져주면 씹는 법 없이 꿀꺼덕 하고 삼키는 먹수이다.

이처럼 천방지축인 개들이 서로 위아래를 지켜 서열을 존중했다는 것은 신기한 일이다. 다롱이는 대문 옆 개집에서 독방을 쓰고 있고 여름이와 썰렁이는 현관으로 오르는 층계 밑 넓은 공간에서 함께 지내고 있었는데 안쪽 윗자리는 늘 여름이 차지였다. 지난 겨우내 여름이는 잘 먹지도 않았고 자주 밖에 나오지도 않았다. 아침녘이나 저물녘에 잠깐 나와 테라스 위에 올라와 있는 것을 보면 허겁지겁 부엌으로 달려가서 맛있는 것을 찾아다 밥그릇을 채워주고 눈이 잘 보이지 않아서 찾아먹지 못할까 봐 이름을 부르며 애를 태운다. 여름이는 관심이 없다는 듯 딴전만 피운다. 이런 실랑이가 벌어질 동안, 다른 개들은 제집에서 꼼짝하지 않는다. 내가 안으로 들어온 후, 여름이가 여전히 밥그릇을 거들떠보지 않아도 다롱이와 썰렁이는 테라스 위에는 얼씬도 않는다. 여름이가 다 먹고 물러나야 둘 중 하나 날쌘 쪽이 총알처럼 달려와서 순식간에 먹어치우고 시치미를 뗀다. 고깃덩이 한 조각이나 과자 한 개를 주려고 여름이를 불러도 나오지 않으면 개집 안에 여름이 곁에 던져놓는다. 그때 썰렁이는 아무것도 모르는 척 고개를 돌리고 앉아 있다. 그 시치미를 뚝 떼는 꼴은 참 볼 만하다. 한참 후에 가보아도 같은 상태다. 그것을 집어 썰렁이한테 던져주면 그제야 꿀떡 삼켜버리곤 했다.

여름이가 죽은 날, 뜰 안은 유난히 조용했다. 썰렁이는 저녁 늦게까지 제집에서 꼼짝도 하지 않고 들어앉아 있었다. 아침밥도 그대로 놓여 있었다. 해질 무렵에 종일 그대로 놓여 있던 밥그릇을 치우고 밥을 갈아주며 타일렀더니 슬그머니 나와서 먹었다. 언제나 둘이서 서로 무관심인 듯 등을 돌리고 앉아 있곤 해서 의가 안 좋은 줄 알았더니 그게 아니었던가 보다. 다롱이는 아침녘에는 집에 들어앉아 있더니 정오가 지나면서 섭섭함보다는 강적이 사라진 것을 깨달은 듯 내 발뒤꿈치를 따라다니며, 줄 게 없으면 건빵이라도 서너 개 던져달라는 눈짓을 한다.

여름이는 햇빛이 잘 비치는 대추나무 아래 옥잠화 옆에 묻어주었다. 남편은 혹시 개들이 파헤칠까 봐 벽돌 석 장을 무덤 위에 올려놓았다. 진달래와 자목련이 피면 꽃가지도 꺾어다 꽂아주고 꽃모종도 심어주자고 했다.

우리 내외는 무덤 앞에 서서 여름이 이야기를 나누었다. 줄에 묶이기는커녕 개목걸이 한 번 목에 걸어보지 않고 앞뒤 마당을 뛰어다니며 행복하게 잘 살았다는 이야기였다.

“참 이상해요. 왜 섭섭하질 않지? 오래 시난고난해서 그런가, 아니면 내가 마음이 나빠서 그런가, 그저 안도감만 느껴져요.”

"사람은 안 그런가? 사람도 마찬가지야, 나이 먹으면……."

팔십을 향해 달리고 있는 남편은 곁눈질로 내 반응을 살폈다.

"거기 사람 이야기가 왜 들어가요?"

퉁명스럽게 대답하고 돌아서며 하늘을 올려다보았다. 하늘은 맑고 모처럼 푸르렀다.

아주머니

지붕 위에서

눈물

화해

건망증

샛별

두렁치마와 다듬이질

뽀뽀 할멈

아주머니

버스를 타려고 동전을 꺼내 들고 정류장에 서 있었다. 내가 기다리던 버스가 정류장 못 미쳐서 정차하려고 하기에 버스를 향해 뛰어가는데 한 중년 남자가 버스 뒤쪽에서 마주 달려오고 있었다. 그가 무어라고 소리치는 것 같았으나 마침 버스가 섰으므로 나는 차에 올라 요금 통에 돈을 넣고 자리를 찾아 앉았다. 뒤따라 그가 차에 올라 지폐를 넣고 돈을 거슬러 받더니 내 곁을 지나치며 벌개진 얼굴로 볼멘소리를 해댔다.

"할머니, 내가 천 원짜리 갖고 있어서 동전을 날 달라고 했는데 그냥 타요?"

느닷없이 호된 핀잔을 듣고 어리둥절해서 쳐다보는 사이 그는 연신 궁시렁거리며 뒤쪽으로 가서 자리를 잡고 앉았다. 그런 경우 나도 당하고만 있을 사람은 아니다. 벌떡 일어나 그를 쏘아보며 소리쳤다.

"아니, 마른하늘에 날벼락도 유분수지. 그 경황 중에 내가 당신 켯속을 어떻게 알아? 그러구 할머니라니? 내가 손자는 방으로 하나 가득 있지만, 당신같이 폭삭 늙은 손자는 둔 적이 없는데, 무례하기 짝이 없군."

내 반격에 버스 안은 웃음바다가 되었고, 그는 목을 잔뜩 움츠리고 잠잠해졌다.

차창 밖에 시선을 던져둔 채 마음을 가라앉히자니 분하기 짝이 없었다. 봉변도 봉변이지만, 내가 어쩌다가 이렇게 할머니 소리를 듣게 되었을까. 나이가 들수록 내 기억은, 얼마 전 아이들을 결혼시키던 시절이나 결혼 후 아이들을 기르며 살던 시절을 훌쩍 넘어 사춘기 소녀 시절을 맴돌곤 하는데, 현실은 오나가나 할머니이니 어쩌면 좋을까. 나더러 아직 젊다고, 곱다고 말하는 주변의 사람들은 그저 위로의 말을 한 것일 뿐이고, 오히려 무의식중에 할머니라 부른 저 남자가 솔직한 표현을 한 것이 아닐까.

언뜻, 지난 겨울 지하철에서 있었던 일이 생각났다. 그날 나는 모임에서 사회자로 지명되어 있었다. 그래서 더 곱게 보이려고 정성들여 화장을 했고, 흰머리를 감추려고 새로 산 자주색 모자를 꺼내 썼다. 이 정도면 꽤 젊게 보이겠지, 하고 흡족해하며 집을 나섰다. 환승역인 교대역으로 가서 2호선 전동차에 올라서는 순간 그 일이 벌어졌다.

"할머니, 이리 오세요. 자리 있어요."

분명 나를 부르는 소리 같았다. 전동차 안을 휘둘러보니, 저 안쪽 깊숙한 곳에서 내 또래의 머리가 훌러덩 벗겨진 남자가 빈 자리 앞에 서서 나를 부르고 있었다. 내가 자리를 찾아 두리번거리지도 않았는데, 그는 혼잡한 차 안으로 막 들어서는 내가 노인인 걸 한눈에 알아보고 자기 차지가 된 자리를 양보한 모양이었다. 얼마나 고마운 분인가. 그러나 나는 고마움을 느끼기는커녕 분이 나서 고개를 홱 돌리고 못들은 척 돌아서버렸다. 무안해진 그가 웅얼거리는 말소리가 들려왔으나 나는 이를 꽉 사려 물고 꼿꼿이 서 있었다. 그는 내가 내리기 전 정류장에서 내리면서 자기 얼굴을 내 얼굴에 바짝 들이대고 살피더니 어깨를 쫙 펴고 걸어나갔다. 그의 뒷모습은, 분명한 할머닌데 뭘 그렇게 뻣세느냐, 고 나를 나무라고 있는 것 같아 보였다.

억울하긴 하지만 내가 할머니란 사실은 나도 약간은 인정하고 있다. 아이들이나 젊은이들이 할머니, 하고 불러줄 때면 사랑스러운 마음이 일기도 한다. 그러나 중년이 넘어선 사람들이 할머니라고 부르는 것은 문제가 있다.

우리말에는 아주머니라는 어감이 좋은 다정한 말이 있다. 요즘에는 우리가 어렸을 때는 듣도 못한 아줌마라는 말에 휩쓸려버려 거의 사라져버린 아주머니를 되살려낸다면 가장 적절한 표현이 될 것이다.

때때로 전동차 안에서 나보다 더 힘들어 보이는 안노인에게 자리를 양보할 때면, 아주머니, 이리 앉으세요, 라고 외치곤 한다. 아주머니라는 말이 주는 정다움에 내가 먼저 놀라고, 상대방이 놀란 얼굴로 나를 돌아보고, 차 안의 젊은이들이 나를 쳐다본다.

나이든 사람들 말고 젊은이들까지도 나를 아주머니라 불러 준다면, 나는 젊어진 기분에 종일 행복할 것이다.

글을 마치려니 조금 처량한 기분이 든다.

지붕 위에서

추위가 너누룩해지고 봄기운이 감돌기 시작하자 정신없이 바쁜 나날이 이어진다. 단독주택 살림이라 난방비를 아끼느라 겨울을 춥게 넘기면서 미뤄두었던 일들, 이 방 저 방 청소하기, 옷가지 정리하기, 욕심껏 모아들인 책 정리, 부엌과 목욕탕 대청소도 했다. 이불 손질은 날씨가 더 풀리기를 기다리며 미뤄 놓았는데도 정리정돈은 마무리가 되지 않는다. 꽃이 피어나고 풀들이 새파랗게 돋아나니 마당일이 다급하여 하던 일을 멈추고 뜰로 나왔다.

뜰 안의 진달래는 한 송이 두 송이 꽃잎이 피어난 지 여러 날이 지나 활짝 피었고, 앵두꽃도 하얗게 피기 시작했다. 백목련도 만개했다. 어느 틈에 돋아났는지 짚을 덮어주었던 수선화 나리꽃 백합의 뿌리도 싹을 틔워 새순이 제법 자랐다. 옥잠화와 양옥잠화와 붓꽃도, 나라고 질쏘냐, 하는 듯 뾰족이 돋아났다. 겨울바람에 흩날리며 뜰 안을 뒹굴던 낙엽을 쓸고, 봄볕을 찾아 내놓은 화분들을 여기저기에 제자리를 잡아주었다. 나머지 일은 남편이 알아서 하도록 미뤄놓고 장독대 위에 놓인 사다리를 타고 지붕 위로 올라갔다. 우리 집은 서까래 부분이 길게 설계되어서 지붕 둘레를 한 바퀴 돌 수 있도록 시멘트를 바른 부분이 널찍한 구조였다. 지난 가을에 호박넝쿨을 걷느라, 호두를 줍느라 오르내리고 나서 처음이라 빗자루와 삽을 들고 올라갔다.

지붕 위에 올라서자 감탄사가 쏟아져 나왔다. 지붕 위에 처음 서 본 것처럼 환호하며 팔을 휘저었다. 새파랗게 갠 하늘이 머리 위에 넓게 펼쳐져 있었다. 저 멀리 북쪽 하늘 아래에는 아름다운 비봉 줄기의 여러 산봉우리가 변함없이 늘어서 있었다. 아침이면 해가 떠오르고 대보름 둥근 달도 떠오르는 바로 길 건너 동편 바위산에는 바위 틈마다 뿌리내린 진달래꽃 더미가 산 전체에 진분홍 꽃수를 놓은 듯하다. 산 중턱 축대 위에 세운 연립주택 담장은 샛노란 개나리꽃 띠를 두르고 있다.

~사아안에는 진다아알래 드을에엔 개나아아리~

나도 모르게 노래가 쏟아져 나온다. 바람결에 실려 노랫소리는 하늘을 향해 피어오른다.

사십 년 전 늦봄에 이 집에 이사왔을 때엔 빨간 기와와 파란 기와를 머리에 쓴 단층집들만이 있는 마을이었다. 동남향 집이라 햇빛이 잘 비쳐 들었고 바람도 시원스레 드나들었다. 창문을 열면 멀리 비봉이 있는 산줄기가 바라다보였고 진달래가 피어나는 앞산도 거실에서 잘 바라다보였다. 여름철에 소나기가 세차게 쏟아진 뒤에는 그 계곡에 폭포가 생겨 물줄기가 쏟아져내리는 장관을 보여주기도 했다. 일요일이면 남편은 초등학교와 중학교에 다니는 세 아들을 앞산으로 쫓아냈다. 마루끝에 서서 왕모래가 덮인 바윗등을 기어오르는 아들들을 망원경으로 올려다보며 조바심하던 옛일이 떠올랐다. 그때는 집집마다 우리 집처럼 뜰을 아름답게 꾸미고 살았다.

이제는 바로 앞집인 신영이네와 우리 집만 단층집이고 이 일대가 모두 연립주택 동네가 되었다. 우리 집은 높은 집에 둘러싸여 우물에 빠진 꼴이 되어 햇빛과 바람을 잃어버렸다. 호두와 감의 수확이 절반 이상 줄어들었다. 길 건너 진달래산 아랫마을은 아파트를 지을 재개발 허가가 나서 땅값이 뛰고 있다. 고층 아파트가 가로막으면, 지붕 위에서나마 누리던 기쁨마저 잃을 날도 얼마 남지 않은 것 같다.

삼 년 전 뒷집을 개축할 때 건축업자가 우리 집마저 사서 개축하려고 찾아온 일이 있었다. 두말없이 거절했더니 쌀가게와 통장까지 겸해서 하고 있는 복덕방 김씨를 부추긴 듯했다. 김씨는 내게는 차마 말을 건네지 못하고 앞의 신영이네를 흔들어댔다. 그 이후로 우리 두 집은 곤경에 빠졌다. 공사장의 소음과 인부들의 거친 태도에 시달리는 일은 말할 것도 없고, 사십여 년을 함께 살며 쌀도 대놓고 사먹고 서로 혼사에도 찾아다나던 통장이 등을 돌렸다. 골목에서 마주쳐도 인사는커녕 외면하고 지나갔다. 매매계약을 이뤄서 챙기는 소개료 외에도 두 집을 개축한 후, 열네 세대 이상을 더 매매하고 전세계약하여 얻는 수입을 놓친 것이 분했던가 보다. 골목 안 구멍가게와 미용실과 세탁소도 구매력이 전혀 없는 우리가 떠나기를 바라는 듯 대하는 태도가 달라졌고, 우리 대문 건너편 희망연립에 살며 큰길가에서 식당을 하는 엽이 엄마도 갑자기 낯색을 바꾸었다. 건설 현장 인부들의 두 끼 식사와 새참을 전담했는데 더 많은 수입을 놓쳐 섭섭했던 모양이다. 결국 동네의 군더더기 꼴이 되어버린 심정이었다.

빗자루를 들고 가랑잎 부스러기와 겨울을 난 먼지를 쓸어 모았다. 일요일이라 학교에 가지 않은 어린애들이 골목길을 뛰어다니다가 나를 올려다보며 소리쳤다.

"할머니, 호두 있어요?"

"지금은 봄인데 무슨 호두? 가을에나 있단다."

가을이면 이웃에 호두를 조금씩이라도 나누었기에 아이들은 이곳에는 언제나 호두가 널려 있는 줄 아나 보다. 현관문 여닫히는 소리가 나고 나를 찾는 남편의 목소리가 들려왔다. 남편은 나를 보려고 담장 아래에 바투 다가서서 지붕 위를 올려다보며 거기는 왜 올라갔느냐고 나무랐다. 내 맘이지, 하고 생각하며 대답 없이 혀만 쏙 내민다. 남편은 밖에 나가려는지 외출복 차림이었다.

몇 해 전부터 남편을 지붕 위에 오르지 못하게 하고 있다. 어지럼증이 나고 넘어질 것 같은 공포감이 인다고 말한 후부터다. 특히 내가 외출하고 혼자일 때는 절대로 올라가면 안 된다고 일러두었다. 그 얼마 후, 나는 백내장 수술을받았다. 오른쪽 눈을 먼저 수술했고, 일 주일 뒤 왼쪽도 마저 수술 받았다. 수술은 간단히 끝나서 서너 시간 휴식하고는 안대도 떼고 지하철을 타고 집에 돌아와 다른 날과 마찬가지로 집안일을 했다. 두 번째 수술하던 날의 일이었다. 대문을 열고 들어서는데 뜰에 나와 있던 남편이 기다렸다는 듯, 지붕에 올라가서 어젯밤 내린 비에 떨어졌을 나뭇잎 좀 쓸라고 엄명을 내렸다. 어쩌면 내게 저럴 수가, 하고 놀랐으나 내색하지 않고 외출복 차림인 채 곧바로 명령에 따랐다. 그날의 섭섭함을 깊이 간직하였다가 오늘 혀를 내밀고 놀리는 것으로 되갚아준 것이다. 한참이 지나도 남편은 새싹들을 굽어보다가 철쭉을 들여다보다가 문주란 화분에서 마른 잎을 뜯어내다가 하며 나갈 생각을 하지 않고 있다. 나를 지붕 위에 혼자 두고는 외출할 수 없다는 몸짓이리라. 내려가야지, 다시 한 번 고개를 들어 하늘을 둘러보았다. 눈앞이 어찔했다. 다리맥도 풀리는 듯했다. 앞으로 지붕 위에 올라올 날이 얼마나 남았을까, 생각하며 사다리를 조심스레 밟고 내려왔다.

(2004 성숙한 사회)

눈물

눈물이란 무엇일까?

민중서림에서 발간한 국어사전에는 '눈알 위에 있는 누선에서 나오는 물'이라고 조금 썰렁하게 풀이되어 있는데, 그것으로는 조금 부족하다고 느꼈던지 '늘 조금씩 나와서 눈을 축이나 정신의 감동이나 자극을 받으면 더 많이 나옴'이라고 보충 설명이 적혀 있다. 수필계의 한 선배는 그의 수필 〈눈물 예찬〉에서 '어제부터 비는 개이고, 하늘은 막 세수한 듯한 눈부신 얼굴로 가을의 햇살을 구석구석 쏟고 있다. 여름내 애태우던 응어리가 말끔히 가신 모양이다. 하늘도 가끔은 울어야 맑은 얼굴을 가질 수 있나 보다.'라고 말하며 눈물이 인간을 순화시킴을 강조했다. 나는 이 수필을 읽으며 후려치는 채찍에 얻어맞은 듯한 얼얼함을 느꼈다. 눈물과 웃음은 신이 인간한테 내린 최고의 축복이라는 말을 들었을 때 느꼈던 씁쓸함보다도 더 내 마음을 아프게 했다.

내게는 눈물이 없다. 눈알을 굴리는데 불편함이 없으니 눈물이 아주 없다고 말할 수는 없고, 나는 울지 못한다고 해야 옳을 것 같다. 내가 눈물을 흘리지 못한다는 것은 내가 인정머리가 없고 냉정하다는 것과 일치하는 것이라 당황하곤 한다.

만 열 살이 채 되지 않았을 무렵에 나는 울지 않기로 결심했다. 그날 내게 어떤 특별한 일이 있어서 그런 결심을 하게 된 것은 아니고, 어린 마음에 내 처지를 둘러볼 때 만약 내가 작은 일에도 눈물을 흘려 버릇하면 아마 평생 울보로 지내게 될 거라고 생각했던 것 같다. '울면 지는 것이다. 나는 똑똑하고 강하다.' 그날의 이 다짐이 내 생애를 지배했고 55년 동안이나 눈물 없이 꿋꿋하게 살게 했다. 때때로 꼭 눈물을 흘려야 될 자리에서 곤욕을 치르거나, 잔뜩 쌓인 응어리를 눈물로 해소하지 못해 괴로워하면서도 어쩔 수 없어 아무렇지도 않은 듯 생글거리며 살아왔다. 남편이나 자식들에게도 다정하고 부드러운 사람으로 비쳐지지 못하고 강하고 냉정한 사람으로만 각인된 것이 유감스럽다. 이제는 제각기 둥지를 떠나버린 자식들은 지금도 여전히 눈물 한 방울 내비치지 않는 나를 어떻게 생각할까? 신은 내가 버린 눈물을 주워서 감춰두고 내게 남보다 많은 웃음을 주셨는지 나는 농담을 좋아하고 실실거리며 웃기도 잘한다.

텔레비전 드라마나 대담 프로에서 눈물을 흘리는 연기자들을 볼 때면 감탄하고 신기해한다. 어떻게 그처럼 말짱하던 눈에 눈물이 고이다가 흘러넘치게 할 수 있는지…. 드라마에서는 더러 안약을 사용한다지만 카메라가 앞에 고정되어 비추고 있는데도 눈물이 솟구쳐올라 흘러넘치는 것은 안약에 의한 조작이라고는 말할 수 없다. 그들의 풍부한 감성 탓일 게다. 나도 20대 중반에 연기자 생활에 입문한 적이 있다. KBS 탤런트 2기생이었다. 기량이 괜찮았던지 남보다 앞서 단막극 16편에(당시 일일연속극은 없었음) 출연도 했으나 잘 나가다가 도중하차하고 말았다. 집안의 극심한 반대가 원인이었으나 내게 눈물이 없는 게 더 큰 원인이었다. 연기 도중 눈물을 끌어내야 할 경우가 두 번인가 있었는데 맨숭맨숭한 얼굴로 그 자리를 넘어가야 했다. 그 시절엔 녹화 방송이 아닌 생방송이었으므로 안약을 넣는다는 것은 생각도 못할 일이었다. 게다가 내가 눈물 없이 슬프고 애절한 장면을 연기하고 나면 화면을 보고 모니터하던 동료들이 우는 게 아니고 웃는 것으로 보이더라고 말했다. 참으로 딱한 일이었다. 내가 눈물을 흘릴 수만 있었다면 가족의 반대에 마음 쓰지 않고 버텨서 명연기자로 남을 수 있었을 것을…….

그렇다고 내가 평생 단 한 방울도 눈물을 흘리지 않은 것은 아니다. 친정 할아버지가 돌아가셔서 입관할 때였다. 가족이 빙 둘러서서 지켜보던 중 눈에 물기가 도는 것을 느끼고 손등으로 닦아내는데 곁에 서 있던 두 사촌 여동생이, 애 경자 언니 운다, 하고 속삭이는 소리가 들려왔다. 그 소리에 눈물은 쏙 숨어버리고 말았다. 그 후, 친정할머니가 돌아가셨을 때도 눈물 한 방울 내보이지 않고 장례 뒤치다꺼리를 잘 해냈다. 운명하신다고 가족들이 모두 할머니 계신 방으로 모여들 때에도 나는 연탄불이 걱정돼서 마당으로 뛰어나갈 정도로 못된 인간이었다. 그러나 산소에 가서 하관을 할 때 나는 드디어 울음을 터뜨렸다. 할머니의 관머리를 붙잡고 몸부림치는 것이 아니라 조부모님 산소 아래쪽에 있는 아버지 산소에 내려와 일생 처음으로 포한의 통곡을 했다. 남편과 아이들이 놀라 뛰어와서 이내 울음을 그쳤지만, 내가 우는 것을 남들이 그렇게 딱 한 번 보았다. 그러고 나서 얼마 되지 않아 또 한 번 엉뚱한 일로 눈물을 흘린 적이 있다.

할머니가 생존해 계실 때부터 우리 내외는 저녁이면 바둑을 두었다. 남편은 바둑책을 보며 자습을 하다가 나를 끌어들여 대국을 했으므로 나의 바둑 선생이라고 말할 수 있다. 접바둑을 두느라 까맣게 늘어놓던 돌도 줄어들어 넉 점을 놓고 대국하게 되었다. 내 속마음으로 9급 정도의 실력은 되지 않을까 자부하며 차츰 재미를 붙여갈 때였다. 그날 남편은 조금 늦게 돌아왔는데 술이 꽤 취한 상태였다. 저녁식사가 끝나 설거지를 하려하자 이따가 하고 바둑이나 두자고 나를 방으로 불러들였다. 첫판을 내가 가볍게 이겼다. 남편은 더 두자고 했다. 나는 이제는 맞바둑을 두어야 되겠다고 놀리며 또 한 판을 상대해 주었다. 또 내가 이겼다. 그 사이 잠들었던 돌쟁이 막내가 깨어나서 나는 아이를 등에 업은 채 꿇어앉아 바둑을 두었다. 내가 또 이겼다. 내가 또 이기자 남편은 놓아주지 않고 계속 새 판을 벌였다. 남편은 제자에게 참패를 당한 수모를 만회하려고 취중에도 안간힘을 쓰고 있었다. 결국 남편은 나를 이기고 나서야 놓아주었다. 내 대마를 잡은 것을 고소해하며 어찌나 놀려대던지 나는 약이 올라 죽을 지경이 되었다. 한밤중에 얼음 나라 같은 부엌에서 설거지를 하는데 나도 모르게 눈물이 설거지통에 뎅겅뎅겅 떨어졌다. 한참 동안 흐느끼며 속이 후련해지도록 울었다. 그게 기적같이 내게 찾아왔던 아무 가치도 없는 마지막 눈물이었다. 35년도 더 지난 옛일이다.

지난 가을에 담석증으로 담낭절제수술을 받았다. 수술을 마치고 수술실을 나가던 의사는 내 담낭에서 꺼낸 담석을 남편에게 건네주었다. 잘 볶아놓은 자잘한 옥수수차 같기도 하고 씨앗 같기도 한 대글대글한 알갱이였다. 크기와 모양도 똑같고 표면이 반들반들한 것이 꼭 200개였다.

“어떻게 이런 게 생겼을까? 의사도 원인을 잘 모른다던데 이게 뭐지?”

남편이 신기해하며 내게 물었다. 나는 이내 맞받아서 쏘아붙였다.

“그걸 몰라요? 당신이 성낼 때마다 참아서 생긴 거지요.”

그 날 밤, 병실에 누워 곰곰이 생각하다가 문득 한 가지 깨달음을 얻었다.

'그게 바로 내 눈물이구나. 그 동안 온갖 시련을 겪으면서도 흘리지 않고 삼켰던 눈물이 가슴에 고여 돌이 되어 가슴속에 있었구나.'

이치에 맞지도 않는 이 엉뚱한 생각은 되씹고 되씹어 볼수록 확신으로 내게 받아들여지고 있다. 내 생각을 뒷받침해주듯 수술 후부터는 내 눈에 물기가 자주 돌고 있다. 친구와 마주 앉아 이야기를 나누다가 감동적인 장면을 얘기할 때면 어느새 눈물이 눈시울을 적셔 나도 모르게 손이 눈가로 간다. 아마 이제는 들어가 숨을 제집을 잃은 눈물이 밖으로 솟아나오는 모양이다. 앞으로는 나도 가끔 눈물을 흘리고 조금 더 인간적인 모습으로 따스한 햇살 같은 사랑을 타인에게 베풀 날이 있을지 모르겠다.

그러나 세상을 향해 이 악물고 살아온 지난 삶에 더 값을 매겨주고 싶다. 나는 지금도 이 세상을 눈물을 질질 흘리며 살아갈 마음은 없다.

화해

어제 저녁에는 여고 동창인 친구 아버님의 미수연米壽宴에 다녀왔다. 8남매나 되는 자손들과 친척과 친지들이 모인 잔치판은 호화로웠고 감동적이었다. 88세 생신을 맞으신 주인공은 노인답지 않게 활기에 넘친 모습을 보이시며 멋진 노래솜씨와 해학이 넘쳐나는 말솜씨로 축하객들을 기쁘게 하셨다. 나는 모임에 참석한 그 누구보다도 더 큰 감동에 휩싸여 눈에 물기를 담고 단 위에 앉아계신 그분의 모습을 바라보았다.

그분은 내 아버지와 동갑이셨고, 고등보통학교 동기동창이어서 내 감회가 남달랐던 것이다. 88세까지도 건재하셔서 지금도 거목처럼 자리잡고 자손들을 보살피시는 분과 60여 년 전에 갓 서른의 나이로 세 딸과 유복자를 남겨놓고 돌아가신 아버지를 비교하면서, 미수연이 진행되는 동안 강물처럼 가슴

속을 휘돌아드는 슬픔과 싸워야 했다.

내게는 아버지에 대한 기억이 많지 않다. 모습이나 음성이나 체취 같은 것을 전혀 기억하지 못하고 있다. 내가 기억하는 아버지는, 몇 장의 사진과 가족들의 대화 속에서 얻어낸 짧은 이야기들뿐이다. 키가 크고 마른 편이고, 얼굴이 갸름하고 코가 오똑하게 섰고, 성격이 까다롭고 급하다는 정도의 이야기들, 그러나 그 까다로운 성격도 자기 아내 앞에서는 비단결처럼 부드러워지더라는, 그런 이야기였다. 돌아가실 때까지라도 함께 살았으면 조금 더 많은 기억을 가졌을 텐데, 두 돌 무렵 아버지가 직장 관계로 중국 대련으로 가시게 되어 나를 서울 본가에 남겨둔 것이 영이별이 되었으니 기억이 없는 게 당연하다.

그런데 신기하게도 내 기억의 갈피에는 액자 그림 같은 두 개의 선명한 기억이 있다. 첫 번째 기억은 내가 다섯 살 때 봄에 조부모님을 따라 대련에 갔을 때의 것이다. 그곳은 개천을 따라 난 둑길 같았다. 봄 햇살이 눈부셨고, 이따금 흙먼지를 일으키는 봄바람이 불었다. 휘늘어진 나뭇가지가 흔들리고 있었던 것도 같다. 아버지가 나를 번쩍 안아서 망아지 잔등에 올려놓았다. 나는 망아지가 징그럽고 무서워서 악을 쓰고 울어댔다. 삯을 받고 아이들을 태워주는 망아지가 있었던 모양이다. 아버지의 모습이나 차림새는 기억나지 않는다. 그저 아버지라는 큰 사람이었다.

두 번째 기억은 여섯 살 때로 아버지가 돌아가시던 해 봄의 일이다. 이 그림은 조금 더 선명하다. 할아버지 환갑이라서 아버지가 귀국했다며 집안이 법석댔다. 아버지가 친구들을 만나러 가는데 나를 데려가려 했던가 보다. 할머니는 내게 새 옷을 갈아입혔다. 식구들이 너 참 좋겠다며 놀려댔다. 나는 기뻐서 팔짝팔짝 뛰었다. 집은 언덕 위에 있어서 비탈길을 내려가야 했다. 나는 신바람이 나서 아버지 손을 놓고 앞서서 비탈길을 달려 내려갔다. 꽈당, 나는 넘어졌고, 양쪽 무릎이 깨지고 입술이 터져 피가 연분홍 비단 옷 위에 뚝뚝 떨어졌다. 나는 너무 아파서 울었다. 아버지는 나를 안고 도로 집 안으로 들어갔다. 할머니가 큰소리로 아버지를 나무라셨다. 아버지는 돌아서서 혼자 대문을 나갔다. 나는 더 크게 소리치며 울어댔다.

작년 가을, 이유 모를 울적함에 시달리던 날, 훌쩍 집을 떠나 옛 집터를 찾아갔다. 이제는 큰 병원 한 귀퉁이의 주차장이 된 그 터를 둘러보고 나오다가, 비탈길 위에 한참동안 우두커니 서 있었다.

아버지가 돌아가셨다는 전보를 받은 날도 가을이 한창 무르익은 때였다. 그날 언덕 아래 큰길에는 일본인들의 축제행렬이 지나가고 있었다. 행렬은 끝없이 길었다. 나는 비탈길 어귀에 있던 중화요릿집 담에 붙여놓은 시멘 쓰레기통 위에 올라서서 발돋움하며 행렬을 구경하고 있었다. 검은 윗도리를 입고 머리에 수건을 동여맨 청년들이 큰 상여 같은 것을 메고 '엣샤 엣샤' 외치며 지나가기도 했고, 얼굴에 횟가루를 됫박째 뒤집어쓴 것처럼 짙은 화장을 한 게이샤(일본 기생)가 탄 인력거가 여러 대 줄지어 지나가기도 했다. 모처럼의 구경거리를 보러 나온 사람의 물결은 온 거리를 뒤덮고 출렁거렸다. 그때 갑자기 우리 집 하녀인 순덕이가 눈물범벅이 된 얼굴로 나를 부르러 왔다. 순덕이는 나를 끌어안더니, 아이구 우리 애기 불쌍해라, 하고 외치며 흐느꼈다. 순덕이 등에 업혀 집에 들어서는데 할머니의 곡성이 귀를 때렸다. 나는 그렇게 전보 한 장으로 아버지를 잃었다.

아버지가 돌아가시는 것을 보지 못해서인지 내 상상력 탓인지 알 수 없으나, 초등학교 시절은 물론이고 여중생이 되고 나서도 은근히 아버지가 살아 돌아오시기를 기다렸다. 하학 후, 큰길에서 친구들과 헤어져 비탈길을 올라와 우리 집의 긴 벽돌담을 따라 혼자 걸을 때마다 나는 그 동안의 일은 악몽이거나 아니면 어떤 큰 착오였을 거라는 생각을 하곤 했다. 오늘이야말로 내가 대문을 들어서면 살아 돌아오신 건강한 모습의 아버지가 나를 기다리고 있다가 반가이 맞아주실 거라는 엉뚱한 생각에 빠져들었다. 그러나 미아리에 있는 아버지의 묘소와 아버지의 화장한 유골이 집에 돌아오던 날의 끔찍한 기억이 떠올라와 내 공상은 대문을 들어서기도 전에 박살나곤 했다. 그래도 이튿날도 그 이튿날도, 나 혼자 고개를 숙이고 담장 밑을 휘돌아 걸을 때면, 줄기차게 그 꿈 같은 일을 기대하며 미소지었다.

나의 이런 아련한 그리움은 6 · 25를 통한 집안의 완전한 몰락을 겪으며 바뀌기 시작했다. 외아들을 잃고, 북녘 땅의 생활 근거를 모두 잃은 조부모님의 참담한 노년 생활, 어머니의 죽음과 동생들의 불행, 헤쳐나갈 수없는 가혹한 현실에 대한 불안 등, 삶의 괴로움은 엉뚱하게도 아버지에 대한 때늦은 원망으로 가슴속에 자리잡기 시작했다. 자기만 멋들어지게 살다가 책임은 다 내팽개치고 돌아선 아버지. 불가항력의 사고로 돌아가신 것을 알면서도 아버지에 대한 원망은 날이 갈수록 커져서 내가 할머니가 된, 얼마 전까지도 내 마음 한 구석에 똬리를 틀고 있었다.

아버지는 짧은 생애였지만, 부잣집 외아들로 누릴 것은 모두 누린 분이었다. 몸은 약한 편이었으나 여러 방면에 재질이 뛰어나서 경기중학의 전신인 제일고등보통학교에서 두 학년을 월반하여 동경 유학을 떠났고, 동경제국대학 진학의 꿈은 꺾였으나 명치대학에 입학하여 상과를 졸업했다. 어려서부터 하모니카를 혼자 다루다가 수준급으로 인정받은 것을 시작으로 바이올린, 클래식 기타, 클라리넷, 벨기엔가 독일에선가 직접 주문해온 아코디온에 가야금과 거문고까지 안 다루어본 악기가 없을 정도였다. 예술 사진에 몰두하여 30년 대에 집에 암실까지 만들어놓고 작품 제작도 했다 한다. 내가 그 시절에 걸맞지 않게 애기 때 사진이 많은 것도 그 때문이다. 아버지는 재담에도 능했으며 사교댄스는 챔피언급이었다. 그 무렵 활동사진에 나온 미국 배우 후렛 아스테어의 탭댄스도 잘 흉내내서 친구들 사이에서는 요샛말로 짱이었던 모양이다. 아버지는 골프에도 손을 대서 어렸을 때 아버지의 유품이 남아 있던 이층 골방에서 골프채를 본 기억이 있다. 동대문 밖, 어린이 대공원이 들어섰던 자리에 소규모의 골프 코스가 있어 택시를 불러 타고 친구들과 다녔다 한다.

이처럼, 아버지는 그 시절 남이 누리지 못하는 것을 모두 누렸으나, 그 빛나던 재질은 수명을 타고나지 못해 빛을 보지 못하고 끝나고 말았다. 피아노는커녕, 풀피리 한 번 불어볼 여유를 갖지 못하고 자라난 내가 아버지를 원망하며 산 것은 있을 수 있는 일이었다. 게다가 수많은 조선 여자들을 다 놔두고 외국 사람을 아내로 맞아, 결국 내게서 어머니마저 빼앗아 버린 격이 된 것은 참으로 용서할 수 없는 일이었다. 그러나 아무리 그렇다 해도, 한 세상 무난히 지내온 이즈막까지도 돌아가신 아버지를 원망하는 내 지독함도 문제가 아닐 수 없었다. 철없던 어린 시절보다도 내가 부모가 되어 네 아이를 잘 길러 성가시키고 난 뒤로 더욱더 지난 시절을 원망하는 마음이 이는 것은 나 자신도 이해가 되지 않는 부분이었다.

재작년 봄으로 기억되는 어느 날, 한 문학 세미나에서 내 생각을 바꾸는 뜻밖의 일이 일어났다. 세미나가 끝난 후, 일찍 귀가하려고 저녁 식사도 드는 둥 마는 둥 하고 있을 때였다. 한 여류 문인이 다가와 내게 말을 걸었다.

"오 선생님이시죠? 그런데요, 선생님은 어쩌면 그렇게 부모

복이 많으세요?"

나는 어안이 벙벙하여 그의 얼굴을 멀거니 쳐다보며 대답했다.

"내 작품들, 읽으셨나요? 내가 부모 복 없는 것 모르세요?"

"물론 읽었지요. 하지만, 선생님은 부모님께 정말 감사하셔야 해요. 키 크시지요, 예쁜 보조개 있지요, 글도 잘 쓰시고 말씀도 잘 하시지요, 다 부모님 잘 만나서 아녜요?"

그 순간, 정수리를 내려친 듯 충격을 받으며 몸을 훑어내리는 전율을 느꼈다.

그날 이후, 그의 말은 내 머릿속을 떠나지 않았다. 그 한마디야말로 내가 일생 동안 들은 어떤 충고보다 더 내게 깨달음을 주는 참된 소리였다.

그 사람의 생각대로라면, 나처럼 부모 복이 많은 사람도 없었다. 언제 어디서나 눕기만 하면 곧 잠이 들고, 걱정거리는 머릿속에 넣으려 하지 않고 세월의 흐름에 맡겨버리고, 남을 이기려고 아등바등하거나 무슨 일이든 악착같이 덤벼들지 않고 양보해버려 내 마음을 편하게 갖도록 하는 느긋한 성품. 어떤 음식이나 내 앞에 놓이는 것은 다 꿀맛으로 느끼는 털털함, 추위나 더위를 그다지 타지 않는 둔감함 같은, 내가 갖고 있는 무난한 성품은 부모님을 닮은 것은 아니지만 그래도 모두 부모님이 내려주신 것이었다.

살아오는 동안, 부모 복은 없지만 다 내가 잘나서라고 생각했던 것들이 부모님 은덕으로 타고난 축복이었음을 그제야 깨닫게 된 것이다.

얼떨결에 생긴 일이라 지금은 그 여류 문인의 이름도 얼굴 모습도 기억나지 않는다. 다만 아버지와의 화해, 어머니와의 화해를 위해 누군가가 내게 보내준 천사로 기억하고 감사할 뿐이다.

건망증

언제부터인가 알 수 없으나 건망증에 시달려온 지가 꽤 오래되었다. 아마 50고개를 바라보면서 시작된 것 같다. 냉장고 문을 열고 안을 들여다보면서도 무엇을 꺼내려고 했는지 몰라 멍청하게 눈알만 굴리고 있다든가, 용건이 있어서 부리나케 방으로 들어와서도 왜 들어왔는지 몰라 사방을 둘러보며 난감해하는 경우는 자주 있는 일이다. 모임에 나갈 일이나 친구와의 약속이나 가정의 행사는 벽에 걸린 큰 달력에 꼼꼼히 적어놓아 실수를 면하고 있지만, 가스나 수도를 잠그지 않아 일어나는 부엌에서의 실수가 연달아서 그 때마다 겪는 비참한 심정은 말로 다할 수 없다.

10년 전부터 부엌에도 텔레비전을 사다놓고 부엌일을 할 동안은 그곳을 떠나지 않도록 하고 있고, 부엌에서 나올 때는 무조건 가스 불을 끄기로 작정하고 행동하지만, 그러다가도 아차, 실수를 하게 되면 그 동안 그처럼 조심했던 것이 모두 허사가 되고 만다. 건망증에다 공포증까지 겹치니 부엌에 들어서는 일이 두렵기만 하다. 아들네와 함께 살 때에는 내가 실수를 하더라도 며느리가 뒤치다꺼리를 해주어서 위기를 모면하곤 했으나, 남편과 둘이만 남게 된 후로는 정말 살얼음판을 밟고 사는 심정이다. 이러다가 치매에 걸리는 게 아닌가 하는 두려움을 느끼기도 한다.

치매나 건망증은 남자보다도 여자에게 걸릴 확률이 더 많은 것 같다. 여자가 가정에서 느슨한 태도로 살아온 것이 원인이 아닐까 생각되기도 한다. 특히 내 경우에는 단순한 집안일만 하고 지내다가 뒤늦게 분수에 넘치는 글쓰기를 시작하여 머릿속이 복잡해진 것이 건망증을 더 심하게 만든 원인이 된 것 같다. 글쓰기뿐만 아니라 만나는 사람도 나날이 늘어나서 기억할 일이 많아져 용량 초과가 된 뇌가 반항을 하는 모양이다.

그러던 중, 지난 연말에 내 건망증의 결정판이라 할 사건이 터지고 말았다. 그날은 여러 가지 일이 겹친 날이었다. 아침 10시에 집을 나서서 은행을 두어 군데 돌고 여고 동창 모임엘 갔다. 그곳에서 점심을 먹으며 친구들과 깔깔대고 놀다가 4시가 넘어 반포에 있는 큰아들네로 갔다. 그날이 손자의 생일이라서 들른 것이다. 며느리와 손자들과 둘러앉아 즐거운 시간을 보냈다. 며느리는 저녁식사를 하고 가시라며 부엌으로 가려고 자리에서 일어났다. 그 순간, 내 머릿속에 퍼뜩 스쳐가는 것이 있었다. 아침에 가스를 두 군데나 켜놓은 채 집을 나온 것이 그제야 생각이 난 것이다. 시계를 보니 5시였다.

"얘, 에미야, 지금 우리 집 없어진 것 같다."

두뇌 회전이 정지된 상태에서 겨우 내뱉은 말이었다.

아침에 설거지를 하는 동안, 큰 스텐 냄비에 든 사골국과 큰 양은 냄비에 담긴 개 먹이를 한소끔 끓여놓고 나오려고 가스 불을 켠 생각은 나는데 불을 끈 기억은 없었다. 집을 나온 지 일곱 시간이나 지났으니 재만 남았지 별 수가 있을까? 만약 소방차가 왔다 해도 첩첩이 잠가놓은 문을 열기도 어려웠을 것이다. 넋 나간 남편의 얼굴이 먼저 눈앞을 스쳐갔다.

며느리는 나를 집에 데려다주려고 자동차 열쇠를 집어 들고 어서 나가자고 재촉했다. 나는 이웃의 전화번호 중 유일하게 기억하고 있던 통장 네 쌀가게 전화번호를 기억해내서 다이얼을 돌렸다. 신호음이 가는 동안 '일각이 여삼추'란, 바로 이 순간을 위해 존재하는 말임을 깨달았다. 나는 그 순간 죽을 각오까지 단단히 하고 있었다.

"여보세요."

졸다가 받는 듯한 통장부인의 목소리가 송수화기를 통해 귓속으로 들어오는 순간, 나는 우리 집이 무사함을 직감했다. 늘 그날이 그날인 평온한 우리 동네에 화재 사건이 생겼다면 통장부인의 목소리가 그처럼 권태로울 수는 없으리라. 통장부인은 내 짐작대로 그 시각 현재 우리 집이 무사하다고 알려주었다. 사다리를 놓고 담을 넘어 들어가 건물 외벽에 설치된 옥외 가스 차단기를 잠가달라고 부탁하고 전화를 끊었다.

가장 빠른 교통수단인 지하철을 타고 집에 돌아왔다. 어떻게 집이 무사한 걸까, 지금 이 순간에라도 발화하는 게 아닌가 하는 불안감에 전동차의 속도가 한없이 느리게만 느껴져 발만 동동 굴렀다. 골목을 돌아 온전한 우리 집 지붕을 보자, 그처럼 반가울 수가 없었다. 평온한 뜰 안에서 개들이 주인을 반기며 꼬리를 흔들어댔다. 아침에 가스 불을 끄고 나서 이 소란을 떠는 게 아닌가 하고 아리송해질 정도로 달라진 게 없었다.

현관문 앞에서 열쇠를 돌리기 전에 문틈에 코를 대고 냄새를 맡아보았다. 탄 냄새가 희미하게 맡아지는 것 같았다. 현관문을 열고 들어서니 탄내가 좀더 많이 났다. 두려워서 곧장 부엌으로 가지 못하고 이방 저방 다니며 문을 열어보고 화장실 문도 열어보았으나 별 탈 없었다.

부엌문 앞에 서서는 크게 심호흡을 하고 살그머니 문을 열었다. 짙은 탄내가 왈칵 달려들었다. 그러나 옥외 차단기를 잠근 후 한 시간 가까이 지났고, 부엌 창문은 항상 조금 열어둔 상태이므로 부엌 안에서 열기는 느낄 수 없었다. 수증기와 그을음이 엉긴 검붉은 물방울이 굵은 빗방울 떨어지듯 천장에서 뚝뚝 떨어져 내리고 있었다. 부엌바닥은 그 끈적거리는 검붉은 물로 흥건했다. 냄비 두 개는 그을음을 뒤집어써서 새까만 냄비가 되어 있었고, 그 안의 내용물은 타고 타고 또 타서 까만 재가 밑바닥에 약간 붙어 있을 뿐이었다. 그런데 가스 스위치가 제일 작게 틀어놓아진 것을 보고 깜짝 놀랐다. 불이 나지 않은 원인이 바로 거기에 있었던 것이다.

큰 그릇에 담긴 곰국을 한소끔 끓여놓고 나가려고 서두르던 내가 스위치를 두 번이나 더 돌려 가스 불꽃을 작게 해놨을 리가 없었다. 더구나 두 군데 모두 작게 켜놓았다는 것은 있을 수 없는 일이었다. 나는 성질이 급해서 늘 불을 괄하게 틀어놓고 사용하는 편인 것이다.

참으로 신기한 일이었다. 그 위기의 순간에 뛰어들어 나를 구원해 주신 어떤 손길이 있었단 말인가? 아니면, 가스 불을 켤 때 모든 앞일을 예견하고 내 의지와는 다르게 내 손놀림을 조정해준 손길이 있었을까? 도대체 어떤 분이, 마음씨가 곱지도 않고 심통보따리만 차고 앉은 나를 지켜보시다가 이처럼 자비로우신 구원의 손을 펼쳐주셨단 말인가? 고개를 떨군 채 두 손을 맞잡고 서서 나를 돌봐주신 그 손길에 끝없이 감사를 드렸다. 기왕이면 내 건망증마저 고쳐주시라는 기원이 고개를 쳐들었으나 염치가 없어서 가슴 깊이 밀어넣어 버렸다.

내가 한 일, 내가 해야 될 일을 깜빡 잊는 것은 물론이고, 내 손놀림마저도 제대로 의식하지 못한다면 앞으로의 내 인생은 어찌 될까? 그저 두려울 뿐이다.

(2000 계간 수필)

샛별

한 권의 책과 마주하고 그처럼 오랜 시간 책상 앞에 꼿꼿이 앉아 있기는 참으로 오랜만의 일이었다. 시력이 나빠져서, 몸이 여기저기 쑤셔서, 집중력이 떨어져서라고 핑계를 대며 책읽기를 힘들어하던 내가 깨알보다 작은 활자로 찍힌 책을 시간 가는 줄 모르고 읽었다. 책이 어찌나 재미가 있던지 밤이 깊었는데도 머릿속은 점점 더 맑아지기만 했다.

읽고 있던 책은 멸실되었다고 단념하고 찾기를 포기했던 내 모교인 여자중학교의 교지 매원梅苑 창간호였다. 햇수로 50년 전인 1950년 5월에 발행된 책이었다. 그때는 중학교와 고등학교가 분리되기 전이라 중학교가 6학년까지 있었다. 해방이 되고나서 학원에 몰아닥쳤던 혼란이 차츰 가라앉던 무렵이라서 교지를 내게 되었던 듯했다.

책은 종이의 질이 형편없는 갱지를 사용했고 표지 디자인도 매우 소박하게 꾸며져 있다. 표지 코팅은 꿈도 꾸지 못하던 때라 누렇게 변색된 표지는 여러 군데가 찢어지고 뜯겨져나갔고, 책의 한 귀퉁이는 쥐가 뭉텅 갉아먹은 상태여서 손을 대기조차 송구할 정도였다. 앞쪽의 광고면과 목차와 화보를 제외한 나머지가 167페이지이므로 얄팍한 편이었으나 내용은 충실하고 재미있게 짜여 있다.

'매원의 사명'이란 교장의 글을 시작으로 교감과 동창회장의 글과 '여성의 지위를 논함' '여성과 사회'란 제목의 졸업반 학생들의 논문과 다섯 분 선생님의 교양강좌 다섯 편, '예술가의 기벽' '세계 기문선' '과학계의 소식' '한국 과학자의 프로필', 선생님과 학생들의 재치 있는 한 마디가 담긴 '매원 좌담실' 등을 모아놓은 스크랩스란, 여선생님 세 분의 수필, 소녀들의 꿈이 담긴 아홉 편의 시와 선생님들의 한시漢詩 세 수, 농구 원정기, 제 1차 모의의회록, 네 편의 단편소설, 그리고 수필 : 소품 란에는 4학년생 전혜린의 〈회상〉이란 수필을 시작으로 12편이 실려 있었다. 이 수필들 맨 끄트머리에 내 글 〈샛별〉이 옹색한 자리를 차지하고 있었다. 당시 나는 아무것도 모르는 1학년 학생이었고 그 글은 작문 시간에 써낸 글이었다. 그 난을 수필 : 소품이라 한 이유는 수필이라고는 볼 수 없는 보잘 것 없는 내 작품 때문이라 생각되기도 했다. 그 동안 남다른 애정을 가지고 이 책을 찾아다녔던 일이나, 책을 손에 넣은 후 감격해

하는 이유는 이 책에 내 생애 처음으로 활자화된 내 글이 실려 있어서였다.

매원 창간호가 1950년 5월 하순경에 학생들에게 나눠어진 후, 한 달 만에 전쟁이 나서 온 세상이 풍비박산되어버렸다. 피란에서 돌아오니 책은 다른 살림살이와 함께 없어졌고, 그런 책이 존재했던 사실마저 내 기억 속에서 지워진 채 살아왔다. 15년쯤 전에 내 단짝 친구인 옥희가 자기 집 골방 속 잡동사니를 정리하다 매원 창간호를 발견했다는 말을 내게 했으나 그때는 무심히 들어 넘겼다. 그 후, 5년쯤 지나 내가 뜻하지 않게 글쓰기를 시작하게 되자, 〈샛별〉이란 글을 기억해냈고 여러 가지 궁금증이 일기 시작했다. 〈샛별〉의 내용이 1946년 봄에 38선을 넘어올 때의 이야기라는 것은 알고 있었으나, 글의 자세한 내용은 생각나지 않았다. 옥희에게 연락했으나 이미 책을 고물장수한테 주어버린 후였고, 모교 도서실에도 남아 있지 않았다. 동창 모임에도 알아보았으나 책을 보관하고 있다는 친구나 선배는 나타나지 않았다.

책을 찾을 희망이 엷어질수록 미련은 더 커지기만 했다. 해방을 전후한 고향의 이야기와 서울 집을 향해 38선을 넘던 이야기를 모아 수필을 써야겠다는 생각을 굳힐수록 〈샛별〉의 의미는 불어나기만 했다. 열 살 때 겪은 일이었지만, 지금도 그 시절에 경험한 장면들은 여러 컷의 선명한 사진처럼 머릿속에 저장되어 있었다. 그 기억을 뒷받침해 증언할 고모님도 생존하셨지만, 〈샛별〉에는 내 기억에서 빠진 작은 이야기가 한 토막이라도 기록되어 있을 것 같은 생각이 들어서였다.

지난 가을에 동기 동창끼리 관광길에 나섰을 때 뜻밖의 희소식을 듣게 되었다. 식당에서 점심을 먹고 나와 버스에 오르려는데 한 친구가 나를 불러 세웠다. 평소에 동창회에 자주 나오지 않던 김정희라는 친구였다.

"얘, 나 네 글 봤다."

나와 처음 이야기를 나누게 된 서먹함에서인지 그는 조리없는 말을 했다. 나는 내 수필집 ≪볼우물≫을 보았다는 말인 줄 알고 물었으나 그는 고개를 저었다.

"그건 작년 얘기구, 올해에 무슨 책에서 〈샛별〉인가 하는 걸 봤어."

"뭐라고? 그럼 너 매원 창간호 얘기니?"

"응. 헌책들 없애려고 뒤적거리는데 네 이름이 눈에 띄더라. 너 주려고 두었어."

그의 말이 끝나기도 전에 나는 힘껏 그를 끌어안았다. 그리고 그가 나는 물론이고 학교를 위해서도 큰 보물을 찾아냈음을 알려주었다. 그 자리에서 친구는 책을 내게 보여주겠다고 약속했고, 그 후에 학교에 기증하기로 다짐했다.

그 이튿날이라도 손에 쥘 수 있을 것 같았던 책은 친구와 나의 짬 시간이 맞지 않아서 두 달이 넘게 지나고 나서야 손에 넣게 되었다. 책을 전해받자마자 〈샛별〉을 찾아 읽었다. 단숨에 읽은 후에 나는 깊은 실망에 빠져버렸다. 형편없이 치졸한 글이었다. 변변치 않으리라고 짐작은 했으나, 그래도 1학년 전체에서 단 한 편이 뽑혀 실렸으니 어지간할 것이라고 생각했던 게 잘못이었다. 기대했던 38선 월경의 장면 묘사나 긴박한 상황 묘사는 없었다. 월경이 끝난 상태에서 이야기는 시작되고 있었다.

> "경자야, 고만 일어나."
> "응."
> "자아 정신 차려 응, 이제 배에서 내려야 한다."
> "응."
> "쉿 조용들 좀 해요."
> 애타서 부르짖는 안내인의 말이었다.
> 여기는 삼팔지구, 고도古都 송도松都로 흘러드는 예성강禮成江 물 위를 우리가 탄 배는 흘러 내려왔던 것이다.

글의 첫머리는 그럴 듯하게 시작되고 있었으나, 내가 알기를 원하는 실제 월경 상황은 이 정도로 끝났고, 고향집에 두고 떠나온 사촌언니 금순과의 이별 이야기를 쓰고 있었다. 그런데 그 이야기가 전부 허구였다. 고향에는 사촌과 육촌언니가 여러 사람 있었으나 금순이란 이름은 없었다. 또, 3월 초에 고향을 떠나던 날 금순이 찾아와 함께 냇가에 나가 세수를 하며 이별의 말을 나누었다고 썼으나, 그 이전 늦가을에 우리 가족은 국경을 넘어 오는 마적이나 팔로군의 습격과 소작인들의 횡포를 피해 읍내에 들어와 있었으므로 세수를 하러 갈 냇가가 가까이에 없었다. 글의 끝맺음에 인용한 샛별도 그 별의 운행에 대해서 지금도 아는 게 없는 형편인데 그럴 듯하게 능청을 떨고 있었다. 나는 작문 시간에 짧은 소설을 썼던 모양이었다.

내 글에는 실망해버렸으나, 책의 다른 부분은 나를 만족시키고 남았다. 중학생의 글이라고는 생각할 수 없을 정도의 사고력과 문장력, 그 중 몇 편, 특히 2학년 선배의 〈평양 아저씨〉란 수필은 지금 어느 수필지에 발표해도 손색이 없을 것 같았다.

기억에서 지워졌던 선생님들의 함자에서 떠오르는 별명들, 황대포, 구마짱, 찐깡, 족두리, 영국신사…. 몇 분이나 생존해 계시는지……. 선생님들이 우리에게 심어주려 했던 가슴 얼얼해지는 사랑의 이야기들이 활자가 되어 감회를 새롭게 했다. 지금은 저명인사가 된 선배들 이름을 만났을 때의 반가움, 사망했거나 인생살이에 실패하고 사라져버린 선배들 이름을 대할 때의 안타까움, 또 다른, 내가 모르는 여러 선배들은 어떤 삶을 살아냈을까 하는 궁금증, 이런 모든 생각들이 나를 감싸고 휘돌았다.

한편, 나를 비감하게 하는 것은 인생의 꽃잎이 막 벌어지기 시작할 무렵, 무한한 가능성을 지니고 피어났던 책 속의 선배들이 이제 나름대로의 50년 세월을 살아내고 60대 후반을 살아가고 있는 노인들이 되었다는 장하고도 서글픈 현실이었다.

그 반짝이는 독창적인 생각과 유려한 글 솜씨를 어떻게 끌어안고 살아냈는지, 어떻게 발휘하며 살아냈는지, 모두 한 자리에 모여 앉아 그 길고 긴 이야기의 실마리를 풀어보고 싶다.

(1999 계간 수필)

두렁치마와 다듬이질

여느 해 같으면 봄 가뭄이니 모내기 걱정이니 하는 말들이 들려올 절기지만, 올해에는 볕이 난 날이 있었던가 싶게 어쩌다 하루 빠안하면 연이어 며칠 동안 비가 뿌리거나 잔뜩 찌푸린 채 봄을 넘기고 말았다.

그러다 보니 다락 정리나 옷장 정리가 늦어졌다. 모처럼 엇그제부터 날이 들더니 오늘 아침도 새파란 하늘과 밝은 햇살을 맞이할 수 있었다. 이틀간 내리쬔 햇살로 땅 위의 습기도 어지간히 걷힌 것 같아, 오늘은 큰 마음먹고 다락 정리를 하려고 서둘렀다. 이것저것 힘 닿는 대로 끌어내려 먼지도 털고 거풍을 하고 다시 포장했다.

다락 한구석에 놓인 고리짝들도 볕이 비쳐드는 마루에 내려놓고, 차곡차곡 넣어둔 옷들을 꺼내 바람을 쏘였다. 쓰던 물건은 노끈 한 토막도 허술히 버리지 못하는 내 곰상스러운 성미의 표징이라 할 낡은 고리짝 속에서는, 우리 집의 생활사가 줄줄이 이어져 나왔다.

돌아가신 친정 할아버지의 사철 두루마기들, 등판을 노닥노닥 기운 알뜰한 할머니의 모시적삼과 항라적삼, 진솔 누비 풍채바지, 돌아가시기 이태쯤 전에 내가 해드린 경도 양단 두루마기와 진주 뉴똥 치마저고리, 아이들 돌 때 입힌 색동옷과 꽃수 버선, 남편이 혼례 때 입은 관디벗김 한 벌, 내 결혼 예복인 흰 빌로드 치마저고리, 큰애 유치원 다닐 때 떠서 막내까지 대물림한 털조끼와 스웨터 등, 따져 쓰자면 한이 없다.

만 갈래의 추억에 젖으며 옷가지들을 쓰다듬던 중, 첫아들을 기를 때 할머니가 만들어주신 두렁치마가 눈에 들어왔다. 갑자기 가슴이 아려오고 목 안에 뜨거운 것이 가득 차올랐다. 손을 펴서 살포시 그 위에 올려놓았다. 옷에서 스며 나오는 온기를 내 거친 손바닥 가득 느끼며 내게 쏟아주신 할머니의 진한 사랑을 더듬어보았다.

부모 정을 모르고 조부모 손에서 자랐고, 두 분이 세상을 뜨실 때까지 모셨기 때문인지, 그분들을 향한 그리움은 해가 갈수록 깊어지기만 한다.

큰애를 낳은 것이 휴전 후여서 아기용품이 거의 없었기 때문에 배내옷은 물론이고 자라면서 입힌 여러 가지 옷들을 할머니가 손수 만들어주셨다.

안팎 흰 명주에 얄팍하게 솜을 두고 손으로 누빈 이 두렁치마도 할머니의 솜씨였다. 칠순을 바라보시던 할머니가 여러 날 걸려 저고리와 한 벌로 이 두렁치마를 지어주셨다. 옷을 받아들고는 감사의 표시도 못하고 이런 구식 옷을 내 아이에게 어떻게 입힐 것인가로 난감했던 기억이 새롭다. 누비저고리는 언제인지 모르게 없어지고 지금은 두렁치마만 남아 있다. 누우렇다 못해 발그스름하게 변색되었고, 아이가 더럽힌 자국들이 여기저기 어지럽게 남아 있는 이 옷이 이렇게도 나를 아프게 하고 할머니에 대한 그리움에 젖게 할 줄이야….

달포가 지난 이야기지만, 미국에 이민간 작은고모가 오셔서 여러 날 묵고 가셨다. 계동에 사시는 큰고모도 오셔서 자매분이 함께 지내셨다. 일흔을 넘긴 분들이다. 나는 조카딸이지만 두 분이 출가하기 전에 태어나 막내처럼 자랐기 때문에 마치 세 자매가 모인 듯 이야기가 많았다.

무어든 맛난 것을 많이 대접하려고 바삐 움직이는 나에게 두 분의 속삭임이 들려왔다.

"언니, 저거 생각나우? 오궁골 집에 살 때, 왜 우리가 영성문 소학교 다닐 때 말유. 어머니가 박가분朴家粉을 담아놓고 쓰시던 그릇 아뉴?"

마루 한 옆에 놓인 내 장식장의 유리문 안을 들여다보며, 초록색 천도天桃가 뚜껑의 손잡이로 달린 벽돌색 도자기를 작은고모가 손가락으로 가리키고 있었다. 두 분은 70년을 훌쩍 뛰어넘고 있는 것이다. 나도 50년 세월을 순간에 뛰어넘었다.

"고모, 그건 나 자랄 때 말예요, 서대문 집 건넌방 시렁 위에 얹혀 있던 꿀 그릇이에요. 입술이 트면 할머니가 손가락에 찍어 발라주셨어요."

나는 다섯 살짜리 소녀가 된 듯, 입가에 떠돌던 끈적하고도 달콤한 꿀맛을 떠올리며 두 고모들 사이에 끼어들었다. 장식장 문을 활짝 열자, 깊이 잠들었던 잡다한 물건들이 신선한 바람결에 깨어나는 듯했다.

친구에게서 받은 자잘한 선물들, 특별한 날의 기념품들, 여행하며 사 모은 작은 종들, 성탄 케익 장식인 산타 인형들, 이런 것들 속에 할머니가 쓰시던 참기름 항아리와 소금 단지 같은 작은 그릇들이 보였다. 작은고모가 청색 꽃무늬가 그려진 소꿉놀이에나 쓸 듯한 작은 백항아리를 들고 감탄했다.

"부엌 찬장에도 많아요. 지하실에도…."

"말두 말아라. 저 건넌방에는 다듬잇돌두 있단다. 요즈음도 다듬이질을 한단다."

늘 버리고 살라고 당부하던 큰고모가 흉보듯 말했다.

"고모들, 88올림픽 개막식 때 다듬이 소리 들으셨지요. 얼마나 아름답고 정겨운 우리만의 소리예요. 난 다듬이질 잘하는 친구 만나서 쌍 다듬이 한 번 실컷 겨루어보는 게 소원인데, 할머니 말씀이 옛 법 버리지 마라, 헌것이 있고야 새것이 있는 법이라고 하셨잖아요. 자, 마당으로 나가보세요. 돌절구와 떡

돌도 보시고, 장독대에 올라가서 할머니 좀 만나고 가슈."

나는 부엌 창문으로 두 분이 할머니의 작은 항아리들과 중두리와 한 섬들이 대독을 알아보는 것을 보며 눈물을 삼켰다. 지금도 중두리는 장 담그고 김장할 때 요긴히 쓰지만, 아무 쓸모가 없어진 대독에는 쓰다 남은 솜이나 베갯속, 놋촛대와 놋주발 따위를 넣어두고 있다. 겹겹이 포개 놓은 옹시루 · 중시루 · 대시루는 곰이 허옇게 핀 채 대독 위에 얹혀 있으나 좀체 쓸 일이 없어졌다.

"여기 오니, 친정에 온 것 같고 굴러다니는 물건 하나를 보아도 꼭 부모님을 뵙는 것 같아서 고향에 온 보람이 있었다. 네 손맛도 어머니 손맛같이 구수하고…. 그러나, 이제는 하나둘 정리하고 간편히 살아라."

"걱정 마세요. 그것들이 내겐 더없이 소중해도 내가 버리면 고물장수도 안 가져갈 걸요. 내가 쓰다 남기면 자식들 중에서 거두어줄 아이가 꼭 있을 거예요. 우리는 새것이나 편리한 것만 찾다가 옛것을 너무 많이 잃었다고 생각해요."

이제 두렁치마를 보니, 그때 고모에게 보이지 못한 것이 애석했다.

"미련을 버리지 못하는 것은 미련한 사람의 고집이오. 현대 여성이라면 버리는 지혜도 갖추어야 하는 거요." 남편이 자주 하는 말이다. 그러나 그이도 여름이면 빳빳이 풀 먹인 옷을 좋아하고, 잘 다듬어진 상큼한 홑이불을 즐기고 있다. 할아버지가 쓰시던 목침을 애용하고, 할머니가 남기신 큼직한 물 대접과 투박한 나무 과반을 사랑하고 있다.

너희 집에 오면 꼭 친정에 온 것 같다고 친구들도 종종 말한다. 그들은 90년대의 풍요를 누리고 살지만, 우리가 겪어온 지난날에 대한 향수도 역시 지니고 있는 모양이다.

앞으로도 내 힘이 닿는 데까지 할머니가 남기신 잡다한 것들과 전통의 생활방식과 숱한 이야기들을 지켜가고 싶다.

(1990년 현대문학)

뽀뽀 할멈

요즈음 친구들 사이에서 불리는 내 별명은 뽀뽀 할멈이다. 아직 내 앞에서 내놓고 부르지는 못하지만 뒷소문이 돌고 있는 것은 사실이다. 나는 이 별명을 좋아한다. 나이 70을 넘어버린 사람의 별명치고는 너무 멋지고 에로틱하지 않은가.

내가 다니는 노래교실의 통로를 걸어들어갈 때면, 오 여사, 오늘도 뽀뽀하고 왔어, 하며 까르르 웃는 소리가 들려온다. 물론이지, 하고 뒤돌아보면 내 또래의 할멈들이 벙긋거리고 있다. 자기들도 뽀뽀하고 왔어, 하고 물으면 아니라고 손사래를 치며 킬킬거린다. 아이 내숭들, 내 교육의 효과가 그렇게 없지는 않을 텐데. 하며 빈 자리를 찾아 앉는다.

두어 해 전부터 나이 든 여자들과 자리를 함께 하는 경우 뽀뽀 강의를 한다. 처음에는 한두 명을 앞에 놓고 소곤거리던 것이 이제는 십여 명이 모인 자리에서도 거리낌없이 말하게 되었다. 아마 강당 가득 사람을 모아놓고 이야기하라고 해도 서슴없이 열변을 토할 자신이 있다. 요즘 남편과 뽀뽀하며 사는 분 손 드세요, 하고 묻는 나의 첫마디에 거침없이 손을 드는 사람은 얼마 되지 않을 것이다. 그간의 나의 경험에 비춰볼 때, 6, 70대는 말할 것도 없지만 4, 50대의 중년 여인들도 고개를 흔드는 사람이 많을 것이다. 수줍거나 너무 점잖아서 사생활을 노출시키려 하지 않는 사람도 있겠지만, 수많은 주부들이 긴 세월 동안 남편과 함께 살아온 날의 사랑만을 믿고 무덤덤하게 살고 있는 것 같다. 어머나, 흉측하게 무슨 뽀뽀, 하며 나무라는 눈길로 나를 쏘아보는 이를 만나면, 누가 키스하라 했어, 손자한테 하는 것처럼 뽀뽀하라 했지, 하고 되받아쳐준다.

그러나 나도 오랜 동안 그들과 같은 생각으로 살아왔기에 마음속에서 깊이 이해하고 있다. 주변을 둘러보면 남자들은 나이 들어 차츰 경제력을 잃고 건강도 나날이 기울어 가면 기백이 줄어들고 왜소해진다. 맹호출림의 평안도 기상으로 10대 때 단신 월남하여 맨주먹으로 험한 세상에 뛰어들어 우리 가족을 먹여 살린 투사인 내 남편도 은퇴한 후에는 예전과 딴판인 사람이 되었다. 누군가 남편의 근황을 내게 물으면, 그이는요, 나날이 아가씨가 되어가고 있고요, 나는 나날이 동네 깡패가 되어가고 있어요, 라고 대답한다. 어떤 직업에 종사하고 있었건 대부분의 남자들은 나이 들면 마누라를 따라서 시장이나 마켓에 가는 것이 중요 일과가 된다. 친구들과 교류하려면 비용이 만만치 않아서 삼가고 있기 때문이다. 반면에 마누라들은 동창 모임이다 계모임이다 하여 동분서주하며 고급음식점의 매상을 올려주고 있다. 나도 그런 생활에 빠져 있었다.

어느 순간, 나는 우리 부부가 위기에 처해 있음을 뒤늦게 깨닫게 되었다. 남편은 비교적 건강했으며 낮에는 산보를 하려고 외출하여 옛 사업 친구들과 각자 부담이라는 무언의 약속 아래에서 차도 나누고 온다. 그러나 집에서는 텔레비전 시청과 신문 잡지 읽기에 몰두하여 나와 대화를 나누려 하지 않는다. 나도 거의 매일 바깥일로 바쁘고 돌아온 후에는 글쓰기와 책읽기에 매달리는 시간이 많아서 둘 사이의 골은 나날이 깊어졌다. 게다가 각방까지 쓰고 있으니 우리 내외는 결코 가까워질 수 없는 멀고먼 당신이 되어 가고 있었다. 다급해진 나는 남편한테 한 가지 제안을 했다.

“우린 이제부터 뽀뽀하며 살아야 해요.”

남편은 나를 물끄러미 바라보더니 고개를 돌렸다. 그의 시선을 따라가 눈을 맞추고 다시 간청했다. 그는 하는 수 없이 고개를 끄덕였다.

그날부터 우리의 새로운 인생은 시작되었다. 아침에 일어나 처음 만났을 때의 아침 뽀뽀로 시작해서 하루 세 끼 식사를 마치고 식당을 나갈 때의 감사 뽀뽀, 외출할 때의 안녕 뽀뽀, 귀가를 환영하는 만남 뽀뽀, 저녁에 헤어질 때의 잘 자 뽀뽀. 그것 말고도 화장실에 가거나 마당에 나가거나 부엌에 마실 물을 뜨러가면서 복도에서 마주칠 때의 방가 뽀뽀까지 가짓수도 많다.

한 번은 남편이 외출할 때 내가 미처 대령하지 못하자 집을 슬그머니 빠져나간 일이 있었다. 내가 창문을 열고 뽀뽀 안 하고 도망가는 배신자라고 골목 안이 들썩하도록 고함을 지르자, 혼비백산한 남편은 열쇠를 꺼내 닫힌 대문을 열고 열한 개의 계단을 올라와 현관 안으로 들어섰다. 늙마에 이게 무슨 고생이냐고 중얼대며 내 뺨에 입술을 대고 돌아서는 남편에게, 그건 늬 뽀뽀고, 내 뽀뽀는 어쩔 거냐고 몰아세웠다. 그날부터 늬 뽀뽀와 내 뽀뽀가 존재하게 되었다. 그 후로 남편은 안녕 뽀뽀 없이는 나가지 않는다. 내가 나타날 때까지 현관에서 서성이다가 늬 뽀뽀와 내 뽀뽀가 끝나야 문을 나선다. 그의 뒷모습을 보며 미소짓는다.

당신과 나, 둘이서만 꾸려나가야 할 나머지 인생, 뽀뽀하며 마주보고 웃으며 손바닥 마주치며, 그렇게 10년만 더 살고 싶다. 남편이 87세 내가 81세까지. 그보다 더 살 수 있을지 알 수 없으나, 둘이서 함께 장 봐오고, 내가 밥 짓고 옷 손질하고, 남편이 청소하고 마당 가꾸며 사는 날까지가 우리의 참 삶일 것이다. 90세가 되어도 남의 손 빌리지 않고 우리 힘으로 살 수 있다면 좋으련만.

뽀뽀 할멈, 뽀뽀 할아범 만세.

(2006 e-수필)

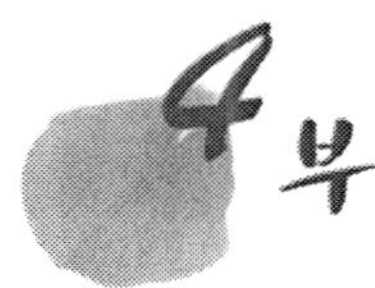

4부

돼지머리

뜰 안의 진달래가 붓 끝 같은 꽃봉오리를 봉곳이 내밀던 화창한 봄날, 가으내 떨어져 쌓인 채 겨울을 지낸 낙엽을 쓰레질하느라 바삐 움직이고 있는데 대문 밖에서 인기척이 났다. 대문을 여니, 골목 안 대연빌라 1층에 사는 부인이 큼지막한 검정 비닐봉지를 곁에 내려놓고 서 있었다. 윗동네엘 갔더니 길 옆 쓰레기더미에 누가 돼지머리를 버렸기에, 우리 집에 주려고 비닐봉지를 구해다가 담아왔다고 개선장군 같은 기세로 떠들기 시작했다.

"글씨, 으떤 인간이 이런 것을 알로 내다버렸는지 모르겠당께. 그 벌을 으떠케 받을라꼬? 글씨 요것이 나를 보더만 윙크를 헙디여어. 동네 할멈들이 나와갖고 난리여 난리. 숫제 이웃을 주면 나눠먹기라도 할 걸 이거이 무신 짓거리냐고?"

고맙다고, 한 번 크게 쏘겠다고 인사를 하고 보따리를 받아

드니 묵직했다. 이런 무거운 것을 우리 집 개들을 생각하고 억척스럽게 들고 온 그의 마음이 참으로 고마웠다. 우리 집은 뜰에 개 세 마리를 풀어 기르고 있는데 이 부인이 개 먹이의 절반은 담당하고 있다. 자기 집에서 나오는 음식물 찌꺼기는 물론이고 이웃집에서도 얻어다가 우리 대문 손잡이에 걸어놓곤 하는 고마운 이다.

테라스 난간에 올려놓고 봉지를 벗기니 돼지머리가 싱긋이 웃으며 나를 맞았다. 날것이 아니고 삶은 것이고 흠집도 없고 사람이 먹을 수 있을 정도로 싱싱해 보였다. 고사를 지내고 처분할 방법을 몰라 누구든 보고 가져가라고 밖에 내놓았을 것이다. 버린 사람이 젊은이였다면 더욱 난감했을 것이다. 나도 잠시 난감해져서 돼지머리를 내려다보고 서 있었다. 개들이 내 곁에서 킁킁거리며 냄새를 맡기도 하고 뛰어오르기도 하며 재촉했다.

창칼을 들고 손 대기 쉬운 귀부터 저며 내서 개들에게 던져주었다. 개들은 제대로 씹지도 않고 꿀거덕꿀거덕 삼켰다. 양쪽 귀를 모두 처분하고 귀 주변의 살을 도려내고서 돼지의 매력적인 코를 저며 내다가 개들이 너무 과식할까 봐 손을 멈췄다. 그러자 내가 원시시대로 떠밀려 온 게 아닌가 하는 착각에 빠져들었다.

50년 넘게 주부로서의 생활을 이어 오면서, 살림살이라는 이름으로 내가 다루어온 잔인한 일들, 닭 잡고 생선 다루고 산 뱀장어도 즉결처분하고, 남편이 낚시질해 온 펄떡거리는 강물고기도 수없이 죽여, 튀기고 조리고 끓였고, 또 온갖 징그러운 것을 다 손댔다. 자신은 좋아하지도 않고 먹지도 않는 것을 주부라는 이름이 뭐길래……. 그러고도 모자랐는지 지금도 생선을 사거나 푸줏간에 가면, 주인이 손질해주려는 것을 거절하고 그대로 들고 오는 내 심정은 나 자신도 알 수가 없다. 사실 돼지머리에 서슴치 않고 손을 댄 것은 내가 오래 전부터 그것을 다루어온 경력이 있기 때문이다.

서울 수복 후인 1952년 늦가을, 고등학교 1학년 때로 기억되는데 학교에서 돌아오니 툇마루 위에 돼지머리가 놓여 있었다. 그 무렵 지금의 내 나이와 비슷한 70고개에 올라선 할머니가 살림을 도맡아 하고 계실 때였다. 할아버지는 중풍으로 여러 해 기동을 못하시는 형편이었고 때마침 할머니도 병환 중이라 이마에 머리띠를 동여매고 누워계시던 중이었다. 할머니는 옆집 젊은이한테 도움을 청했더니 손까지 흔들며 거절하더라며 저 아까운 것을 어쩌면 좋으냐고 한탄하셨다. 부엌 근처에는 얼씬도 않던 내가 선뜻 나섰다. 내가 하겠으니 할머니는 창문 안에서 지시만 하시라고 말했다.

검은 털이 듬성듬성 남아 있는 돼지머리를 면도칼로 매끈하게 면도를 시켰다. 귓구멍 속의 털까지 말끔하게 정리했다. 그 다음이 문제였다. 입안을 닦고 혀를 빼내기 위해 상악골과 하악골을 분리시켜야 했다. 뼈가 드러나도록 입꼬리에서 돼지머리가 잘려진 곳까지 식칼로 가죽과 살을 갈랐다. 그리고 장작을 쪼개는 모탕 위에 돼지머리를 올려놓고 이쪽과 저쪽의 뼈를

도끼로 내려쳐야 했다. 이것이 최대의 난관이었다. 도끼날이 여러 번 빗나가고 할머니가 나오셔서 요령을 시범해 보이신 후에야 겨우 성공하였고 마지막 식칼질로 위아래를 완전히 분리시켰다. 혀를 떼어내고 칫솔과 창칼로 이빨을 깨끗이 닦아낸 후 큰 가마솥에 넣고 불을 지폈다. 고기가 푹 무른 후, 뜨거울 때 큰 놋버치에 건져내어 뼈를 골라내고 베보자기에 싸서 네모지게 모양을 잡아 맷돌로 눌러 굳혀야 했다. 보자기에 쌀 때에는 껍질을 바깥쪽으로 놓고 혀와 오도독뼈가 있어 맛이 있는 귀는 가운데에 놓아 편육을 썰어놓았을 때 맛깔스럽게 보이도록 신경을 써야 했다.

이튿날 저녁상에 썰어놓은 편육을 할아버지와 할머니가 달게 잡숫는 것을 보고 무척 기뻤다. 우리는 관서 사람이라 육식을 좋아했고 훗날 결혼한 남편도 고향 사람이라 육식을 즐겼다. 그는 내 솜씨를 칭찬하며 겨울이면 돼지머리를 사왔고, 평안도식 순대를 해먹자며 돼지 창자와 선지를 들여오고, 쇠고기 외에도 소 염통이며 결간이며 등골 같은 것을 사오곤 했다.

느닷없이 집안에 들어온 돼지머리 때문에 여러 날 동안 까마득한 옛날을 되살리며 앞서 떠나가신 어른들을 그리워했다. 오늘 아침에도 진달래꽃이 만발한 뜰에서 남편과 함께 창칼로 발라내서 조금씩 나누어 비닐봉지에 담아 냉장고에 넣어두었던 머릿고기를 개들에게 던져주며 끝 모를 지난 이야기를 도란거렸다.

(2007 월간문학)

公州紀行

버스는 예정대로 9시 정각에 출발했다. '박물관 강좌'에서 처음 떠나는 답사여행이라 일행은 들뜬 기분이다. 공주지역 여행이 처음이어서 남다른 기대로 가슴이 벅차오른다.

송산리宋山里 고분군古墳群과 마곡사麻谷寺, 그 중에서도 1971년 발견되어 화제를 일으켰던 무령왕릉武寧王陵을 견학한다는 것은 큰 기쁨이다. 하늘도 활짝 개어 빛나는 5월의 하루를 예고하고 있다.

차창 밖으로 금강錦江이 보이기 시작하자 차 안에는 탄성이 인다. 강물은 하얀 모래톱 사이에서 번쩍거리며 뒤채이고 있다. 인류가 저 강을 의지하여 이 지역에 모여 살아온 세월이 3만여 년이라 하니 새로운 감회에 잠긴다.

백제는 서기 475년, 고구려 장수왕長壽王의 남진정책에 밀려

21대 개로왕蓋鹵王이 한강변의 아차산성에서 전사하자, 한성시대漢城時代를 마감하고 이곳 웅진熊津, 公州으로 천도遷都했다. 22대 문주왕文周王에 이어 삼근왕三斤王, 동성왕東成王, 무령왕을 거쳐, 성왕聖王 16년인 서기 538년 사비성泗沘城으로 옮겨갈 때까지 64년간의 웅진시대를 지낸 곳이다. 이 금강 유역은 백제시대는 물론 구석기시대, 무문토기無文土器시대, 청동기시대의 선사유적先史遺蹟이 분포되어 있다.

일행은 공주 박물관에 도착하여 박물관 옆 나지막한 동산에서 준비해 간 도시락으로 점심을 먹었다. 동산 위는 편편한 잔디밭으로 밑둥이 굵은 활엽수가 둘레에 늘어서 그늘을 드리우고 있다. 공주 시가지 일부가 내려다보인다. 지방 도시 특유의 안온하고 정한靜閑한 분위기가 감돈다. 오랜 세월 이어져 내려온 조상의 숨결이 느껴지는 듯하다.

옛날 옛날에, 들짐승을 좇아 팔매돌을 들고 이 동산을 오르내렸을 구석기인의 모습, 이곳에 정착하여 씨앗을 뿌리고 어설픈 솜씨로 토기를 만들어 갈무리하던 무문토기인의 모습, 부족국가를 이루어 청동기를 다루던 이들의 숱한 이야기들, 전쟁터의 북소리, 활시위 소리, 돌진하는 병사들의 발자국 소리, 긴 세월 동안 이 언덕을 수놓았을 아름다운 사랑 이야기들…….

무령왕릉 출토 유물 슬라이드를 보고 전시실을 돌아본다. 전시유물은 돌화살촉, 돌도끼, 세형석검細形石劍 등 석기류와 무문토기 청동거울 같은 청동기 이전 유물이 일부분을 차지하였을 뿐, 나머지 대부분이 무령왕릉 출토 유물이다. 갓 출토되어 국립중앙박물관에서 첫 전시를 할 때, 떨리는 가슴으로 대면했던 그 유물들이 제자리를 잡고 들어앉아 있다. 2,900여 점 중에서 엄선되어 진열된 유물은, 처녀분處女墳에서 잠 깨어나 정성으로 손질된 것을 흥분 속에서 보던 때와는 달리, 차분한 분위기 속에서 1,500여 년 전의 신비한 옛 이야기를 소곤대는 것 같다.

寧東大將軍百濟斯
麻王年六十二歲癸
卯年五月丙戌朔七
日壬辰崩到乙巳年八月
癸酉朔十二日甲申安厝
登冠大墓立志如左

왕릉 축조의 절대연도絕對年度를 알려준 묘지석墓誌石, 買地券 두 개 중 제일석第一石의 앞면 지문誌文의 내용이다. 제이석第二石의 뒷면에는 지신地神에게 1만 냥을 주고 묘터를 샀다는 내용이 씌어 있다. 우리 선조가 인간에 의한 자연 훼손을 얼마나 두려워하였던가를 말해주고 있다.

일행의 발걸음은 오색 구슬 목걸이가 전시된 진열장과 두 점의 황금 관식冠飾이 진열된 곳에 가장 오래 머무른다. 현대인의 감각을 뛰어넘는 옛 사람의 조형 감각은 섬세하고도 몽환

적이다. 지금까지도 썩지 않고 남아 있는 관 널은 조상의 안식처를 헤집은 송구함을 깊이 느끼게 한다.

우리 일행은 유물 출토 현장인 송산리를 향하여 박물관을 떠났다.

산 정상 부근에서부터 비스듬히 내려오며 늘어선 일곱 기基의 고분군, 잘 다듬어진 조경과 멋스러운 담장, 무령왕릉 모형관模型館, 고분군 주변은 정성들여 단장되어 가고 있는 중이다.

5·6호 분의 개수공사로 무령왕릉 관람은 할 수 없단다. 나무 위 이곳저곳에 매달아놓은 스피커에서 흘러나오는 송산리 고분군 소개 방송이 허탈해진 일행을 위로한다.

무령왕릉은 1971년 6월, 5·6호 고분의 누수 방지를 위해 배수 도랑을 파다 발견된 전축분塼築墳이다. 나머지 여섯 고분군은 1920년대와 30년대에 일인에 의해 발굴되었는데, 그때는 이미 도굴된 상태였다고 한다.

송산리 고분군은 연도로 현실玄室에 연결되는 석실분石室墳 형태여서, 입구를 찾으면 바로 현실 안으로 들어갈 수 있어 쉽게 도굴되었던 것이다. 그런 일을 저지른 사람은 조상 숭배 사상이 강한 우리 선조는 아닐 것이다. 외침을 당할 때마다 이 땅에 몰려왔던 침략군이 저지른 일이 분명할 거라고 생각하며 허망한 마음을 달랜다. 무령왕릉 출토 유물의 규모를 생각할 때, 도굴된 유물에 대한 아쉬움은 매우 크다.

발견 당시의 상태를 재현해 놓은 모형관에서 무령왕릉의 내

부구조를 자세히 살펴보았다. 1,500여 년을 나란히 누워 한 줌 먼지로 소멸되어 갔을 왕과 왕비, 이제는 왕비의 어금니 한 조각만이 남겨져 있다. 남편인 무령왕보다 3년 7개월을 더 살다 간 여인이 숨진 것은 남편의 장례가 치러지고 나서 1년 4개월 뒤인 병오년 12월이다.

연꽃무늬 벽돌로 치장되고, 아름다운 창문(상징이긴 하지만)과 다섯 개의 등잔이 불을 밝힌 묘실 안에 잠든 여인, 불꽃무늬 황금 관식이 달린 비단 모자를 쓰고 오색 구슬 목걸이를 줄줄이 두르고, 다리多利라는 세공장細工匠의 이름이 새겨진, 용무늬 은팔찌를 끼고, 황금 귀고리를 단, 그 여인의 삶은 어떤 것이었을까. 백제 문화의 전성기를 이룩한 성왕의 생모인가, 아니면 무령왕보다 훨씬 나이 어린 계비였을까. 서울에 돌아가면 이 모든 궁금증을 책을 찾아 알아보리라 다짐해 본다.

마지막 목적지인 마곡사에 닿았다. 태화산泰華山 계곡으로 들어가는 길 옆에는 맑은 개울물이 흐른다. 개울 바닥이 훤히 들여다보이도록 맑은 물을 보는 것은 무엇보다 더한 기쁨이다. 장마철에는 수량이 많은지 개울 폭이 꽤 넓다.

마곡사의 규모는 생각하던 것보다 훨씬 크다. 화엄사나 법주사, 해인사처럼 규모가 잘 짜여지고 번들거리는, 관광지화된 느낌이 없이 조용하고 정갈하고 소박하다.

춘 마곡 추 갑사春麻谷秋甲寺에 맞추어 찾아온 모양이다. 여행 안내서에는 마곡사는 공주에서 서북 60리, 차령산맥의 한

봉우리인 태화산(614m) 남쪽 기슭에 자리했고, 백제 무왕武王 41년(서기 614년, 선덕여왕 9년) 당唐에서 돌아온 자장율사慈藏律師가 개산開山했다 하나 확실치 않다고 씌어 있다.

보물 제 800호, 조선 초기 건물인 영산전靈山殿 뜰에서 인솔자의 설명을 들었다. 사찰의 구조와 건축양식, 안에 모셔진 부처님에 따라 다르게 붙이는 전각 이름에 관한 이야기이다.

세조世祖의 어필이 담긴 영산전 현판은 그 분을 마주한 듯한 감회에 젖게 한다.

자신의 정치적 야망을 위해, 육친과 충신을 죽여야 했던 죄의식으로 불도에 더 깊숙이 심취하게 된 인간적 고뇌를 생각하니 서글픔이 가슴을 휘돈다.

마곡사 본전인 보물 801호 대웅보전大雄寶殿은 바로 앞에 있는 802호인 대광보전大光寶殿과 함께 조선조 후기 순조 13년(서기 1813년)에 개축된 아름다운 건물이다. 정면 5칸, 측면 4칸의 중층건물重層建物이며 팔작지붕이다. 윗층은 체감되어 정면 3간, 측면 3간이고 내부는 통층通層으로 높고 웅장하다. 우물천정에 올린 단청 색상이 근래에 칠해진 듯 밝고 선명하여 고풍스러운 건물의 면모를 훼손하고 있다.

절 앞뜰에서 보물 제799호인 5층 석탑을 만났다. 전세계에서 3기만 남은 라마 형식의 탑이라고 안내판에 씌어 있다. 석탑은 2층 기단基壇과 5층 탑신과 상륜부로 구성되어 있다. 이 탑의 특징인 청동 도금제의 상륜부는 작은 탑 모양이다. 원元

나라 지배를 받았던 고려 말기 형식으로 원의 라마적 수법이 우리나라 조형에 가미된 예이다.

탑 곁에는 백범白凡 김구金九 선생이 왜경을 피해 마곡사에서 지내던 무렵 심으셨다는 향나무가 있다. 여학생 때, ≪백범일지≫를 읽고 아련히 그리워하던 마곡사에 왔다는 감회가 새삼스럽다. 잠시 마음을 가다듬어 그분의 명복을 빌어본다.

해탈문 곁에 세워진 광고판은 대대적인 절의 중수 계획을 알리고 있다. 절 뒤 산마루에 거대한 부처 입상도 세울 모양이다. 모든 계획이 실현되어 절의 고풍스런 분위기가 바뀌기 전에 이곳에 와서 며칠 묵을 계획을 마련해야겠다.

돌아오는 길은 고속도로의 체증으로 지루하였다. 괴나리봇짐에 매단 짚세기의 흔들림에 장단을 맞춰, 두 다리만을 믿고 한양 길을 떠나던 선인先人의 여유는 잊은 채, 마냥 멀고 아득하기만 한 서울을 향해 조바심했다.

(1992년 아침장)

녹음 봉사

지난 6월 초순에 우연히 우리 지역 구립도서관 소식지를 보게 되었다. 도서관이 신축 개관되었다는 말은 들었으나 어디쯤에 위치하고 있는지 어떻게 가야하는지 알 길이 없던 차라, 반가운 마음에 소식지를 첫 장부터 샅샅이 읽어나갔다. 여러 가지 도서관 소식이 사진과 함께 실려 있었다.

그 중에서 녹음도서 제작 분야에서 일할 자원봉사자 모집 기사가 내 눈길을 끌었다. 이 일은 내가 오랫동안 마음에 두었던 일이어서 내 기쁨은 말할 수 없이 컸다. 서슴지 않고 도서관에 전화를 걸었더니 인원이 채워져 기다려야 된다고 했다. 시간도 많고 그 일에 경험도 있으니 빠른 연락을 바란다는 말을 남기고 전화를 끊었다.

가정에만 묻혀 지내다가 어느 틈에 50고개를 훌쩍 넘어섰을 때, 이제 나도 남을 위한 일을 할 때가 왔다고 깨닫게 되었다. 내 나름대로 이것저것 생각해 보다가 녹음 봉사를 생각해냈다. 전화번호부를 들춰보며 일할 곳을 찾아보았다. 한두 군데 연락이 닿는 곳은 집에서 너무 멀리 떨어져 있어서 지속적으로 다니기가 힘들 것 같았다. 또, 내가 계속 살림을 맡아 하고 있었던 것도 선뜻 나설 수 없는 이유였다. 분가했던 아이들마저 이런저런 이유로 번갈아 들어와 살게 되었고, 새로 태어난 손자들 돌보는 일까지 합쳐 내 일은 더 많이 늘어났기 때문이다.

게다가 50대 중반에 생각지 않았던 일이 일어나게 되어 나는 더욱 바빠졌다. 문단에 나가게 된 것이다. 그저 살아온 이야기를 적어 놓아 이다음에 손자들에게라도 보여주려던 것이 문예지를 통해 등단이란 절차를 밟게 되었고, 글 빚에 쫓기는 생활로 들어서게 되었다. 세상에는 여러 가지 형태의 봉사가 있지만, 내 생각을 글로 풀어내서 남에게 보이고 그들을 감동시키는 일도 하나의 봉사라는 생각으로 녹음 봉사의 꿈은 마음속 깊숙이 접어 넣었다. 그리고 12년의 세월이 흘러 내 책도 한 권 갖게 되었다.

그런데 마음속 깊숙한 곳에 잠재워 놓았던 그 꿈을 깨워놓는 일이 생긴 것이다. 며칠을 참지 못하고 도서관에 다시 전화를 걸고 또 걸었다. 드디어 6월 마지막 주부터 두 시간 동안 봉사할 수 있는 기회를 갖게 되었다.

도서관에 갈 날을 손꼽아 기다리면서 나는 50여 년 전 옛일을 자주 떠올렸다. 사실 내가 녹음 봉사를 이처럼 끈질기게 소망하는 마음 저편에는 장애인을 향한 봉사정신만이 아닌, 나 자신의 이루지 못한 꿈을 향한 갈망에 원인이 있음을 고백하지 않을 수 없다.

1947년 3월부터 1954년 4월까지 7년간, 나는 국립 중앙 방송국(H L K A)에서 어린이 성우로 활동한 적이 있다. 내가 다닌 초등학교가 방송국과 이웃하고 있어서 우리 학교 선배들 중에는 방송에 출연하는 기회를 잡은 선배들이 많았다. 내가 4학년생이었던 그 봄 어느 날, 서너 명의 방송국 직원이 우리 교실에 들이닥쳤다. 그것은 들이닥쳤다는 표현이 가장 알맞은 표현이다. 그들은 선생님과 몇 마디 나누더니 분단장 이상의 10여 명의 학생에게 교과서를 읽게 했다. 그리고 나를 지명하여 방송국으로 데려갔다. 나는 그날 곧바로 방송에 출연하게 되었다. 첫 어린이 연속극 '똘똘이의 모험' 마지막 회였다. 이쁜이 역으로 짤막한 대사 몇 마디가 내게 주어졌다. 집으로 돌아오는 내 손에는 방송 출연료 240원이 쥐어져 있었다.

그 후, 매일같이 학교가 파하면 방송국으로 갔다. 연속극은 '똘똘이의 모험'으로 끝나버리고 매주 나가는 시리즈물과 단막극, 동화 낭독이 있었는데 일 주일에 서너 번씩 출연했다. 성인용 드라마에도 아역이 들어 있으면 출연해야 했는데 저녁 늦게 방송이 끝나면 차로 집까지 데려다 주었다. 차를 타는 것이 너무 좋아서 차에서 내릴 때면 집이 너무 가까운 곳에 있는 것을 아쉬워하곤 했다.

정동 방송국 시절의 몇 해가 지난 후 6·25전쟁이 터졌고 부산으로 피난을 가게 되었다. 부산에서도 피난 온 방송국에 다니며 꾸준히 방송을 했고, 수복 후, 여고 시절에도 역시 학교가 파하면 방송국으로 달려가는 생활이 계속되었다. 그런데 갑작스럽게 결혼을 하게 되어 방송을 그만두게 되었다. 50년이나 지난 이제 와서 생각해도 남편의 한 마디 말로 내가 어떻게 그처럼 선선히 방송을 포기하였을까, 이해가 되지 않는다. 그 후 몇 차례 방송과 인연을 맺을 기회를 잡았으나 남편의 극심한 반대와 아이들 문제 때문에 좌절하고 말았다.

방송을 시작하면서 나는 낭독에 재주가 있음을 인정받았다. 그때는 방송 드라마도 내레이션으로 내용을 설명하면서 이어가는 형식이 많았다. 위인전을 드라마로 만든 시리즈물에서는 특히 내레이션의 비중이 컸다. 나이팅게일, 베토벤 카네기 등, 여러 사람의 전기를 낭독함으로써 어린 소녀는 상식을 넓히는 데도 도움을 받았다.

녹음 방송이 아닌 생방송으로 하던 시절이라 절대로 원고를 틀리게 읽거나 단어를 씹거나 하면 큰일이었다. 15분 동안 혼자 하는 낭독이거나, 여럿이 함께 하는 드라마의 내레이션이거나 한 글자의 실수도 용납되지 않았다. 드라마 대사의 경우에는 함께 연기하는 노련한 선배들이 순발력으로 감싸주어 위기를 넘기기가 수월하나, 낭독의 경우에는 도와줄 사람도 없고 모두 내 책임이므로 부담도 컸다. 절대로 틀리거나 말을 씹지 않는 훈련 속에 내 사춘기는 지나갔다고 말할 수 있다. 지금도 손 내밀면 잡힐 것처럼 선명한 그 날의 기억들, 열두 살 갈래머리 소녀의 그 안간힘은 애처롭기만 하다.

이런 이유로 나는 낭독에는 어느 정도 자신이 있었다. 어떤 원고든 틀리지 않고 읽어낼 자신이 있었던 것이다. 한 번 자전거타기를 배운 사람은 수십 년이 지난 후에도 자전거에 올라앉기만 하면 솜씨를 발휘할 수 있는 것이다. 낭독이라고 뭐가 다를 것인가.

6월 26일 드디어 약속된 날이 왔다. 내가 애타게 기대한 날이었으나, 그날 나는 만만찮은 장애에 부닥치게 되었다.

일단 도서관의 위치를 알 수 없었다. 도서관 소식지 끝머리에 있는 약도는 초행길에 들고 나설 만한 게 못 되었다. 한 친구가 일러준 대로 버스를 타고 일곱 정거장을 가서 내렸다. 마침 파출소가 있어서 들어가 위치를 다시 확인했다. 도서관으로 오르는 골목 입구에서 나는 절망했다. 경사도가 50도는 되어 보이는 가파른 언덕길이 까마득하게 뻗쳐 있었다.

크게 심호흡을 하고 언덕을 오르기 시작했다. 백 걸음을 걷고는 헐떡거리며 멈춰서 쉬었다. 또 백 걸음, 또 백 걸음, 오백 걸음을 오르고서야 겨우 도서관으로 통하는 터널이 보였고, 터널을 지나니 도서관 건물이 나타났다. 버스를 내려 천 걸음 가까이 걸어야 도서관 정문에 도착하게 되는 것이다. 이래서야 어떻게 도서관에 올 수 있겠는가.

여직원이 안내하는 녹음실에 들어서서 나는 다시 한 번 놀랐다. 그는 녹음기를 켜고 끄는 법을 말하고, A4 용지 크기의 녹음 안내 지침서 두 장을 건네주고는, 수고하세요, 한 마디를 남기고 나가버렸다. 그 여직원이 녹음실에 머문 시간은 30초도 채 되지 않을 것 같았다. 녹음실 안이 너무 더웠기 때문이다. 한 평도 되지 않을 좁은 골방에는 냉방 시설이 없었다. 밀폐된 방 안은 숨조차 쉴 수 없을 정도로 더운 찜통 속이었다. 게다가 출입문 밖 비좁은 공간에는 구내방송용 큰 앰프 두 대가 설치되어 있어서 그 기계에서 나오는 열기 또한 엄청났고 그 기계에 걸려 출입문도 활짝 열리지 않고 겨우 비집고 드나들 정도라 폐쇄 공포증까지 일으킬 지경이었다.

녹음실 안에는 선풍기가 한 대 있었다. 그것을 틀어보았자 안에 갇혀 있던 먼지만 돌 뿐이었다. 지침서를 읽어보려고 돋보기를 쓰니 언덕을 올라오느라고 열기가 뻗쳤던 몸이라 돋보기 알에 안개가 뿌옇게 끼어 읽을 수가 없었다. 기계 조작 방법을 익히면서 부채질로 몸을 식힌 후 책상 위에 놓인 녹음 일지를 열어 보았다. 4월 중순에 시작할 때보다 봉사자들의 출석이 줄어들고 있었다. 더위 때문일 거라고 짐작되었다.

몸의 열기가 조금 가시자 녹음을 시작했다. 안내 지침서에 따라 시작 멘트와 책 소개를 넣고, 책의 머리말과 차례를 읽었다. 대학 영양학 교수가 쓴 우리 먹을거리의 영양 성분과 치유

효과와 민간요법에 대한 것을 기록한 책이었다. 처음 시작하는 사람이 다루기에는 꽤 버거운 책이었다. 생소한 영문 학술 용어가 많아서 발음에 신경을 써야 했고, 한자漢字도 낯선 것이 많아서 자구字句의 뜻을 해석하는 훈訓까지 읽어야 했다. 잔글씨의 도표들은 읽어내기 힘들었다. 내쳐 몇 페이지 읽어 나갔으나, 나이 들어 혀가 굳어졌는지, 영어 발음은 제대로 되지 않았고, 한자에 대해서는 왜 그렇게 주눅이 들었는지 평소에 알던 한자의 훈도 아리송해서 녹음을 진행할 수가 없었다. 고치고 또 고치고, 악전고투의 두 시간이었다. 너무 더워서 헤드폰을 쓰고 있지 못하고 쓰고 벗기를 계속하는 것도 큰 어려움이었다. 땀투성이가 되어 녹음실을 나왔다. 절대로 틀리지 않고 잘 읽을 수 있을 거라던 내 자만심은 자취도 없이 사라져 버렸다.

다음 주에는 물통 세 개를 냉동실에 넣어 얼려가지고 갔다. 후딱 지나가는 두 시간이 아까워 바로 작업을 시작했다. 얼린 물통 하나는 잔등에 넣어 브래지어 끈에 끼워 놓고, 나머지 두 통은 양 쪽 겨드랑에 밀어 넣었다. 책을 미리 읽어 영어 발음도 연습했고 한자도 옥편을 찾아 훈을 적어 갔으므로 훨씬 일하기가 수월했다. 읽다가 틀려 기계를 끄게 될 때에는 차례대로 물통을 꺼내 내 몸이 녹인 물을 마셨다. 일에 정신을 집중하여 몰두하게 되면 더위를 거의 느끼지 못했다. 참으로 신기했다. 어떤 때는 등 뒤에서 시원한 바람이 불어주는 것처럼 느껴질 때도 있었다. 녹음을 마치고 사무실에 들어서면 여직원이, 더우시죠, 하며 미안해한다. 안 더워요, 하고 대답하면 여직원은 외계인이라도 보는 듯한 표정을 짓는다.

하루에 50페이지, 7, 8주를 지나야 책 한 권을 읽는다. 마침 빈자리가 생겨 1주일에 두 번 도서관엘 다니게 되었다. 그 동안 책 두 권을 읽었다. 버스 세 정거장 째에서 내려 조금 완만한 경사를 올라가는 다른 길도 찾아냈다. 그런 어느 날, 누군가가 작업을 마치고 나간 녹음실에 들어서다가 나는 아연실색했다. 녹음실 안이 난장판이 되어 있었다. 의자와 마이크 대는 나뒹굴어져 있고, 헤드폰은 책상 아래 내던져져 있고, 선풍기는 책상 옆까지 끌어다놓은 채였다. 책상 위에는 누군가의 머리띠가 던져져 있고, 공 테이프와 연필 따위가 든 상자가 뒤집힌 채 내용물이 널브러져 있었다. 참을 수 없는 더위와 벌인 처절한 전투 장면이었다.

'울지 않는 애 젖 주랴.'는 말이 생각났다. 낯모르는 젊은이의 전투 장면을 보고 나는 도서관장실로 달려갔다. 도서관장은 자리에 없었다. 구청에서 종교단체에 도서관을 위탁 경영을 시키는데 그는 인근의 요양원장도 겸임하고 있어서 주로 그쪽으로 출근한단다. 그날 오후에 나는 요양원을 찾아갔다. 인자한 미소로 나를 맞는 노신사에게 나는 대뜸, 어떻게 그렇게 잔인할 수 있습니까, 하고 대들었다. 소음 때문에 에어컨을 연결시키지 못한다는 그의 변명에, 그렇다면 복중에는 녹음실을 폐쇄하세요, 하고 쏘아붙였다. 방법은 얼마든지 있다. 스위치를 달아서 녹음 중에는 에어컨을 끄면 되는 것이다.

내가 다니던 4, 50년대의 방송국에는 냉방 장치 같은 것이 있을 리 없었다. 복 중에는 방송실 안에 큰 얼음덩어리를 들여놓아 주었다. 드라마 중간에 짬이 나면, 얼음을 쓰다듬고 손수건을 얼음물에 적셔 얼굴과 양팔을 닦고, 적신 손수건을 목에 걸어 더위를 쫓았다. 이 2002년에 자원봉사자 말고 보수를 받는 직원이라면, 이런 혹독한 환경에서 입 다물고 묵묵히 일할 사람이 있을까?

접근하기조차 힘든 도서관, 찜통 속 같은 녹음실, 돋보기를 쓰고도 글씨가 아물거리는 시원치 않은 내 눈 때문에 일을 그만두게 될까 봐 두려워서 나는 만나는 친구들에게 녹음 봉사를 한다고 광고를 한다. 그럴 때마다 상대방은 참 좋은 일한다고 말한다. 그 말에 나는 흠칫한다. 남에게 좋은 일 하는 게 아니라 내가 좋아하는 일을 하는데 그런 칭찬을 듣는 것은 옳지 않다. 더구나 나는 지금, 머지않은 훗날 내가 책을 읽을 수 없게 되는 날을 위하여 품앗이를 하고 있는 것이다. 녹음도서는 시각장애인뿐 아니라 책을 읽을 수 없는 노인이나 환자들이 모두 애용해야 한다는 것이 내 생각이다. 그들을 위해 나는 녹음을 넣다가 끝부분에 남은 자투리 테이프에 내 서투른 노래를 집어넣기도 한다.

도서관장을 만나고 온 다음 주에 도서관 여직원은 녹음실에

에어컨을 넣기로 했다는 소식을 전해주었다. 그들은 나더러 제발 구청에 말해서 마을버스가 올라오도록 주선해 달란다. 사실 이 도서관은 인근 지역 주민을 위한 도서관이지 우리 구민 전체를 위한 도서관은 아니다. 멀리 떨어진 동네에서는 접근하기가 너무 힘든 곳에 도서관이 서 있다. 내가 무슨 힘이 있나요, 하고 말했지만 새로 선출된 시장도 간선 도로를 피해 다니는 마을버스를 많이 만들겠다고 했으니 구청 홈페이지에라도 들어가 볼까? 그래야 내가 힘들여 만든 녹음도서가 여러 사람 가까이로 쉽게 다가갈 수 있지 않을까.

(2002 현장특수교육)

민들레 홀씨되어

좋아하는 노래가 무엇인가요?

지금부터 3년 반쯤 전에 누군가가 내게 이런 질문을 던졌다면, 나는 서슴없이 백난아白蘭兒가 부른 '찔레꽃'이나 장세정張世貞이 부른 '고향초'라고 대답했을 것이다. 좀더 흉허물 없는 경우였다면 '울고 넘는 박달재'라고 말했을 수도 있다.

어릴 적부터 유행가라고 말하던 흘러간 노래들을 좋아했는데, 우리 집이 극장 앞에 있어서 무료입장의 길을 터놓고 드나들며 무대 아래에서 가수들의 노래들을 익혀 머릿속에 입력시킨 결과였다. 20세 이전까지 유행하던 노래들을 거의 모두 줄줄이 꿰어 부를 수 있었다. 특히 해방 후에 나온, 현인이 부른 '푸른 언덕'인가 하는 영화의 주제가를 무척 좋아했는데 지금은 한 구절도 생각나지 않는다. 서울이 수복되어 피난살이에서 돌아온 후에는 미국 여가수 페티 페이지의 노래와 일본 가수 후랑크 나가이의 노래들을 무척 좋아했고 열심히 익혀 내 머릿속 저장고에 쟁여두었다.

노래 이야기를 하자면 6·25때 이야기를 빼놓을 수 없다. 그때 나는 중학교 2학년 학생이었다. 전쟁이 나고 북쪽 군사들이 서울에 들어오자 내게는 금족령이 내려졌다. 친구들의 소식과 세상일이 궁금해 죽을 지경인데도 꼼짝할 수가 없었다. 지금처럼 책이라도 흔했으면 오죽 좋았을까마는, 정말 무료하기 짝이 없는 7월과 8월을 지내야했다. 어른들의 고통과 공포를 아랑곳할 만큼 철이 들지 못했던 때라 넓고 넓은 집 안에서 가장 호젓한 곳을 찾아가 노래를 부르곤 했다. 초등학교에서 배운 노래들과 중학교 교과서의 노래들, 그러고 내가 제일 좋아하는 유행가들을 고래고래 소리치며 불렀다. 할머니께서 달려오셔서 나무라셔도 나는 들은 척도 않고 몇 시간이고 연이어 불러댔다.

옆집인 경교장京橋莊과 우리 집 사이에는 두어 길 높이나 되는 돌담이 가로막혀 있었는데 전쟁이 나자마자 인민군이 그 집을 접수해서 사용하고 있었다. 경비병들이 순찰을 돌며 서로간의 신호로 쏘아대는 소총소리가 5분 간격으로 들려오곤 했다. 그 담 바로 밑에 있는 뒷마루에 누워 다리를 버둥거리며 노래를 해댔으니 지금 생각하면 소름이 돋을 정도로 오싹하다. 경교장과 우리 집 정원의 우거진 나무들과 그 나무에 앉아 지치지도 않고 종일 울어대던 매미 떼의 울음소리에 내 노랫소리가 파묻혔을 거라고 생각해본다. 그러나 그 담을 따라 보초를 돌던 북쪽의 병사들은 내 노래를 듣고 어떤 생각을 했을까? 귀청을 찢을 듯이 울어대는 매미소리에 실려 울려 퍼지던 내 노랫소리를 기억하는 사람이 북쪽 어딘가에 살아있지나 않을까 하는 생각이 들 때도 있다.

결혼을 한 이후에는 노래와는 멀리 떨어진 생활을 했다. 허구한 날 뱅뱅 돌아가는 살림살이와 연이어 태어나는 아이들 뒤치다꺼리로 노래를 찾아 배우기는커녕 라디오 다이얼 한 번 돌려볼 여유를 갖지 못하고 살았다. 그저 이따금 귓가를 스쳐 지나는 노래 토막을 가슴속에 갈무리해 둘 뿐이었다.

3년 반 전인 1997년 2월, 구청에 볼 일이 있어 갔다가 우연히 목요일마다 운영하는 노래교실이 있음을 알게 되었다. 일주일에 두 시간씩, 수강료도 없으니 금상첨화였다. 나는 그날부터 그 프로그램에 참석했다. 하루에 두 곡씩 익히니 1년이면 100여 곡을 배우게 된다. 그 동안 300곡 가까운 노래를 배운 셈이다. 45년 가까이 단절되었던 노래와의 인연이 말끔히 되살아난 것이다. 30대 중반의 젊은 선생님은 노래교습 방법이 끝내주는 사람이었다. "무슨 노래든 나하고 세 번만 부르시면 끝납니다." 그의 말은 좀 과장이 있긴 하지만, 그간 배운 노래 중 반 이상은 제대로 익히게 되었다.

트롯에서 랩까지 온갖 장르의 노래를 배웠다. 어떤 노래라도, 배우면 모두 명곡이라는 진리도 알게 되었다. 평생 한 번도 노래에 대해서는 칭찬을 받은 적이 없던 내가 노래대회에 나가서 큰상을 타는 영광까지 차지하게 되었다. 곡목은 가사도 멜로디도 너무나 아름다운 〈민들레 홀씨되어〉였다.

그 후, 노래교실에서 배운 노래를 익히는 족족 녹음실로 달려가 CD를 만드는 작업을 계속하고 있다. 친한 이들에게 나누어주기도 하지만, CD를 만드는 참 목적은 80세가 넘어 노래를 부를 수 없게 되었을 때 듣기 위함이다. 이제 그나마 시원치 않은 음성이 변할 날이 눈앞에 다가오고 있으니 하루 빨리 준비하려고 마음이 바쁘다. 내 노래가 지금 아무리 서툴고 변변치 않아도, 툇마루에 나앉아 먼 하늘이나 바라보고 나뭇잎을 흔들어줄 바람이나 기다릴 나이가 되었을 때에는 오늘의 부족한 내 노래가 그 누구의 노래보다 나한테는 아름답게 들릴 것이라 믿기 때문이다.

요즈음 내가 좋아하는 노래는 헬 수 없이 많지만, 내게 꿈조차 꿔보지 않은 수상의 영광을 가져다준 〈민들레 홀씨되어〉가 제일 좋아하는 노래라고 외쳐보겠다.

수첩 속의 사진 두 장

내 수첩에는 사진 두 장이 꽂혀 있다. 두 장 다 남자 사진이지만, 남편의 사진도 아니고 아들이나 손자의 사진도 아니다. 내 수첩 속을 넘겨다본 사람은 누구 사진이냐고 궁금해 한다. 소녀 적 버릇이 다시 시작되었나 보다고 놀리는 이도 있다. 그럴 때에는 그저 웃는 수밖에 없다.

수첩 첫머리에 꽂힌 사진은 춘원春園 이광수李光洙 선생의 젊은 시절 사진이다. 그 동안 보아온, 머리를 바투 깎고 안경을 낀 날카로운 인상의 중년을 넘어선 시절의 그분 사진과는 사뭇 다르다. 지난 겨울에 신문 스크랩을 하다가 사진을 발견하고는 머릿속에 간직한 그분 모습과 달라서 한참 사진을 들여다보았다. 차마 휴지통에 넣지 못하고 곁에 놓인 수첩에 끼워둔 것이다.

검은 하이칼라 머리, 강한 개성을 나타내 보이는 짙은 눈썹, 깊은 통찰력과 투지를 보여주는 눈매, 굳게 다문 입가에서도 매서움이 엿보인다. 서른 정도 되었을까. 소설 ≪무정≫을 발표하고 작가로서 활발한 창작생활을 할 때라 생각된다.

"불쌍한 부모의 일, 동생들의 일, 나 자신의 기구한 어린 시대의 잊히지 않는 정다운 기억을 그려보고 싶은 충동에서 글을 쓰게 된 것이다."

춘원이 문학을 하게 된 동기를 술회한 글 중 한 구절이다. 문학에 뜻을 두게 된 동기는 크고 높은 산 같은 그분이나 나 같은 범상한 사람이나 다르지 않다고 고개를 끄덕여본다.

춘원을 만나 뵌 적은 없지만, 부인인 허영숙 여사와 작은따님인 이정화 양을 만난 일이 있다. 부산 피난 시절인 1951년 초가을, 피난 방송국의 어린이 극회 회원으로 활동할 때 일이다. 당시 여중 2학년 학생으로 대구 문화극장에서 열린 방송실연대회에 참가하려고 대구에 간 일이 있는데, 그때 유숙한 여관 바로 옆방에 그들 모녀가 묵고 있었다.

방송국 직원이 정화 양도 실연 대회에 출연한다고 말하며 나를 소개했다. 정화 양은 살결이 해말갛고 눈이 뛰어나게 아름다운 소녀였다. 나보다는 두세 살 위로 기억되는데, 뉴욕 〈헤랄드 튜리븐 신문사〉에서 개최하는 세계학생토론대회에 한국 대표로 선발되어 미국으로 떠나기 직전이었다.

정화 양은 극장 무대에서 영어 연설 실연을 했다. 라디오 방송이 어떻게 제작되는지 모르는 당시의 청취자를 위해서 방송극이나 노래하는 장면을 극장 무대에서 보여주던 시대였다. 텔레비전과 더불어 살고, 방송국 구석구석이 화면에 비쳐지는 현실에서 생각하면 어이가 없는 일이다.

이정화 양은 내게 눈길 한 번 주지 않는 조용한 소녀였으나, 춘원의 부인은 친절히 대해 주었다. 그분은 정화 양이 부산에서 대구까지 오는 사이에도 영어 단어를 50개나 외웠다고 내게 자랑했다.

다 큰 딸을 무릎에 누이고 머리카락을 쓰다듬어 잠을 재우고, 딸의 움직임에 호흡을 맞추어 보살피는 그분의 유별난 자식 사랑의 표현은 나를 놀라게 했다. 부모 없이 자라던 사춘기 소녀인 나에게 그들 모녀의 모습은 큰 충격이었다. 지금까지도 그때 느낀 부러움은 가슴 한구석에 박혀 있다.

춘원의 사진을 별 생각 없이 수첩에 끼울 때의 심정과는 달리, 수첩을 펼칠 적마다 수없이 대하는 그분의 모습에서 문학에 대한 각오를 다지게 된다. 그분의 눈은, 치열하지 못하면 아니함만 못하다고 나를 몰아세운다. 사진을 간직한 우연한 행동이 내 마음에 큰 변화를 주고 있다.

수첩 뒷장에 꽂힌 다른 사진은 영화배우 안성기의 사진이다. 그는 앞으로 대머리가 될 소지가 있는 넓은 앞이마를 흘러내린 머리칼로 반쯤 가리고, 웃음이 비어져 나오는 입을 길게 다문 채 얼굴을 구겨 웃고 있다. 안경 뒤에서 가늘게 뜬 눈도 웃고 있고, 내가 좋아하는 사다리꼴을 거꾸로 놓은 듯한 모양의 턱도 웃고 있다. 그는 흰 셔츠 위에 감색 점퍼 차림으로, 앉은 자세를 내려찍었는지 턱을 쳐들어 얼굴을 위로 향하고 있다.

이 사진도 유인물을 정리하다 유니세프(국제연합 아동기금)의 간행물에서 오려낸 것이다. 그 기관 일로 아프리카에 갔을 때 찍은 사진인 모양이다. 안성기의 사진을 수첩에 끼워놓았지만, 영화배우로서의 그를 좋아하는 것은 아니다. 사실 그의 배우생활에는 전혀 관심이 없다.

그러나 나는 안성기를 좋아한다. 그를 보면 가슴이 아려오고 눈에는 눈물이 고인다. 그가 서른세 살 좋은 나이에 세상을 떠난 남동생을 닮았기 때문이다. 스크린에 비쳐진, 연기하는 안성기 모습보다 사진으로 찍혔을 때의 얼굴이 동생과 더 많이 닮아 보인다. 수첩에 꽂힌 안성기 사진은 동생이 남긴 사진보다 더 동생을 닮은 것 같다.

네모진 안경알 뒤에서 웃고 있는 가느다란 눈, 어릴 때 동생은 눈이 커서 별명이 '올롱 눈깔'이었으나, 시력이 나빠져 안경을 낀 후로는 눈이 가늘어졌다. 사진을 위쪽에서 찍어서인지 코도 입 모양도 동생과 흡사하다. 사다리꼴 각진 턱선에 눈길이 머물면 소리내어 울고 싶어진다.

동생은 유복자로 태어났다. 일류 학교를 나와 좋은 직장에 자리잡았다. 결혼해서 남매를 낳고 집 장만도 했는데 뜻밖의 사고를 당해 세상을 떠났다. 부모 없이 자라는 동생을 위해서 가족은 물론이고, 친척도 이웃도 집 앞을 지나던 나그네들마저도 그의 성공을 기원했는데…….

동생은 차디찬 시신이 되어 시립병원 시멘트 바닥에 뉘여져 우리를 맞이했다. 굳어진 입가에 어린 희미한 미소는 미안하다고, 미안하다고 모두를 향해 호소하고 있었다. 죽음보다 더한 배신은 없다고, 다시는 너를 기억하지 않겠다고 다짐했던 나에게, 이 명배우는 스무 해 전의 아픈 기억을 일깨우며 내 수첩 속에서 웃고 있다.

내 아픔을 헤아렸는지 아니면 소녀 취미를 탓하는 것인지 알 수 없으나, 남편은 사진이 동생을 조금도 닮지 않았다고 버리라고 말한다.

사진을 보며 동생이 성취하지 못한 꿈의 한 조각이라도 이루기를 다짐하고, 춘원의 교훈을 일깨워 끊임없이 자신을 채찍질하고 있음을 남편은 알지 못할 것이다.

춘원의 사진과 함께 안성기의 사진을 오래도록 지닐 생각이다.

(1994년 창작수필)

들국화는 향내로 남는다

늦여름 폭풍우가 무더위를 휩쓸고 간 자리에 옥잠화玉簪花 꽃대가 불쑥 솟아올랐다. 꽃대가 올라오고 며칠 지나지 않아 뜰 안은 옥잠화 향내로 가득 찼다. 향내는 콧속을 온통 뒤흔들어 놓고는 머릿속 갈피마다 헤집는다. 저녁녘이 되면 향내는 낮보다 더 진하게 풍겨나 창문을 넘어 방안까지 들어찬다. 후딱 스쳐가는 계절의 향내를 조금이라도 더 즐겨보려고 뜰에 내려설 때마다 시든 꽃을 몇 송이 따다가 책상 위에 놓는다. 향내는 온종일 나를 감싸고 돈다.

옥잠화 향내를 맡으면 할머니 생각이 난다. 옥잠화 향내뿐이랴, 분꽃 향내, 들국화 향내, 모과와 유자의 향내도 할머니를 향한 그리움을 샘솟게 한다.

내가 자라난 집 정원에도 옥잠화가 여러 포기 있었다. 옥잠화가 피면 앞뒤 마당에서 풍기는 향내가 온 집안을 감돌았다. 안동포 고의적삼 차림의 할아버지는 봄부터 물을 주고 가꾼 옥잠화가 풍기는 향내의 흥취를 높이려고 축음기를 돌려 사발가를 틀고, 할머니는 얼음을 띄운 수박화채를 마련하신다.

석타안 백타안 타느으은데에에 연기만 푸울풀 나구우요
요 내 가슴 타느으은데에에 연기도 김도 안 나아아네

축음기를 통해 나오는 청아하고 높은 사발가 가락은 옥잠화 향내에 실려 집안을 맴돌았으나, 나는 수박화채의 단맛에 더 취해 기쁘기만 했다. 그때는 미처 깨닫지 못했지만, 그 무렵이야말로 할머니 생애에서 절정에 달한 시절이었다.

할머니의 나머지 생애는 고난의 세월이었다. 외아들을 잃고, 북쪽 고향에 있던 전 재산을 빼앗기고 전쟁을 겪고, 피난 중에 중풍으로 쓰러져 반신불수가 된 할아버지의 병구완을 아홉 해나 치르고, 집을 팔아 유복자인 손자를 대학 졸업시키고, 그리고 아무것도 남은 것 없이 낡은 화류 의걸이장 하나 차에 싣고 여생을 의탁하러 내 집에 오셨다.

할머니는 그런 어려움 속에서도 자연에서 얻을 수 있는 모든 향내를 탐하셨다. 여름날에는 모시옷에 잣을 갈아 넣은 풀을 먹여 옷자락에서 잣 향이 풍기게 했고, 수돗가 사과궤짝에 분꽃을 심어 저녁마다 피어나는 분꽃 향내를 즐기셨다.

"얘야, 이 향내 좀 맡아 보렴."

가을이 되면 동대문시장까지 가서 부족한 용돈을 쪼개 모과와 유자를 사다 의걸이장 안에 넣으며 내게 자랑하셨다.

"예전엔 여자들이 향낭이란 걸 몸에 지녔다더라."

할머니는 내게 향내의 의미를 알려주셨다.

가을이 절정에 닿으면, 할머니는 야외 나들이 가기를 원하셨다. 그러다가 혼자 집을 나서기도 했고 나와 함께 떠나기도 했다. 할머니는 벼가 누우렇게 익은 들판을 보는 것보다 더 기쁜 일은 없다고 혼잣말을 하며 추수철 들판을 걷다가, 길가나 냇둑 위에 핀 노란 들국화를 한 아름 꺾어다가 화병에 꽂아 놓으셨다.

"들에는 지금쯤 감국甘菊이 한창일 텐데…. 감국은 향내가 오래 간단다."

돌아가시던 해 가을에, 쇠약해져서 가을 나들이를 못 하게 되었을 때, 황금 들판을 그리며 하신 말씀이다. 돌아가신 후 유품을 정리하며 할머니 베개를 뜯었는데, 메밀 겨 속에서 언제 넣어놓았는지 알 수 없는 마른 들국화 한 묶음이 나왔다. 마른 꽃을 끌어안고 향내를 맡아보았다. 희미한 잔향殘香을 맡은 듯 느꼈으나 복받쳐오르는 슬픔이 그 잔향을 흩어놓았다.

할머니가 돌아가신 지도 30년이 지났다. 할머니를 잊지 못하는 내 마음은 옥잠화나 분꽃이나 들국화나 유자 향을 맡을 적마다 그리움이 더 깊어진다. 향내를 맡으면 저승에 계신 할머니와의 교감이 이루어질 것처럼 느껴져 그 향내를 깊이 들이마시곤 한다.

지난 가을에 들판에 나갔다가 노란 들국화를 만났다. 반가운 마음에 무작정 한 송이 꺾어 손안에 움켜쥐었다. 그리고는 몇 걸음 가다 코에 대고 냄새를 맡고, 몇 걸음 가다 다시 주먹을 펴 향내를 맡았다. 온종일 손에 움켜쥔 꽃을 버리지 않았더니, 집에 돌아와 손을 씻을 때까지도 들국화 향내는 내 주먹 속에 남아 있었다.

온갖 합성 향내가 개발되어 오나가나 잡다한 향이 우리를 유혹하고 있다. 생활의 여유가 생겨나자 여인들은 취향에 따라 자신만의 독특한 향을 지니려고 수입 향수를 찾아나서기도 한다. 그러나 손쉽게 향내와 접하게 되는 오늘날의 여인들은, 곤궁한 생활 속에서 한 계절 잠깐 스쳐가는 자연의 향내를 붙잡으려고 머리를 짜냈던 우리 선조의 생활의 멋과 지혜를 헤아릴 수 없을 것이다.

(1997년 수필공원)

태평양 푸른 파도에 실려

해마다 한식날이나 추석날이 오면 묘지로 향하는 길은 성묘 차량 행렬로 몸살을 앓게 된다. 우리 집 앞 큰길도 묘지가 많은 벽제, 용마리, 문산으로 이어지고 있어 몸살을 앓기는 매한가지이다. 아침녘에는 시외로 나가는 쪽 길이 꽉 막히고, 저녁 무렵에는 시내로 들어가는 쪽 길이 막혀서 바깥출입이 수월치 않다. 우리 집은 남편이 단신 월남한 사람이고, 친정 쪽도 묘소가 없어져서 성묘 행렬을 바라볼 때마다 부럽기도 하고 우리만이 외따로 떨어진 것 같은 소외감을 느끼기도 한다. 그럴 때면 어려서 아버지 묘소에 성묘 다니던 일을 회상하기도 하고, 친정집 묘지 문제로 애태우던 일을 되살리면서 우리의 장례문화에 대한 생각에 깊이 잠기게 된다.

내가 여섯 살이던 해 가을에 아버지가 돌아가셨다. 아버지는 그 해 서른 살로 중국 대련의 한 회사에 근무 중이었는데, 지병이 있어서 치료를 받다가 주사쇼크로 변을 당하게 되었다. 전보를 받고 할머니가 고모부와 함께 달려가셔서 아버지 시신을 화장하여 유골을 안고 귀국하였다. 몰라볼 만큼 얼굴이 퉁퉁 부은 할머니가 아버지의 유골 상자를 가슴에 안고 내 이름을 부르며 아이고, 아이고, 하고 엄청나게 큰소리로 통곡하며 대문을 들어서실 때의 그 모습은 너무나 무서웠다. 영문도 모르는 채 겁에 질린 나는 방으로 뛰어들어와 문 뒤에 숨어서 눈을 꼭 감아버렸다.

할아버지는 아버지의 유골을 미아리 공동묘지에 매장하셨다. 고향의 선산은 너무 멀기에 가까운 교외로 정해 할머니나 어머니가 자주 성묘할 수 있게 하려는 배려에서였다.

할머니는 성묘 길에 늘 나를 데리고 다니셨다. 어머니와 동생들과 함께 성묘를 한 기억은 희미하지만, 할머니와 함께 간 기억은 지금까지도 선명하게 남아 있다. 돈암동까지는 전차를 타고 갔고, 그곳에서 미아리 묘지까지는 걸어서 갔다. 미아리 일대의 산과 언덕에는 엄청나게 많은 묘가 있었다. 성묘를 얼마나 자주 갔던지 이듬 해 봄부터는 내가 앞장서서 아버지 묘를 찾아내곤 해서 할머니는 기뻐하시며 나를 칭찬하셨다. 그러나 나는 성묘가는 것을 싫어했다. 할 수 없이 끌려갔다고 해야 옳은 표현일 것이다. 공동묘지의 썰렁한 분위기도 싫었지만, 할머니가 곡을 하시는 것은 견딜 수 없는 일이었다. 할머니는 묘지 사이로 난 구불구불한 언덕길을 오를 때만 해도 아무렇지도 않다가 아버지 묘 앞에 서는 순간 묘에 몸을 내던지며 곡을 시작하셨다. 집에서 수시로 소리죽여 우시는 것을 곁에서 보기도 힘들었지만, 땅을 치며 하는 넋두리와 우리 식의 곡소리를 듣는 것은 참으로 두렵고 고통스러운 일이었다. 그럴 때, 나는 할머니의 울음을 그치게 하려고 할머니를 위로하거나 따라 울거나 하지 않았다. 할머니가 기진해서 울음을 그칠 때까지 눈 아래 펼쳐진 산 아래쪽 넓은 들판을 바라보며 쪼그리고 앉아 오래도록 기다렸다. 훗날 내가 어떤 고난 속에서도 눈물 한 방울 흘리지 않고 살아낸 것은 어린 시절 아버지의 묘에서 할머니의 곡성을 들으며 가슴 깊이 다짐한 결과라 할 수 있다.

6·25전쟁이 끝나고 피란에서 돌아오자 할머니가 제일 먼저 하신 일은 아버지의 묘를 찾는 일이었다. 성묘를 다녀오면 할머니는 늘 돈 걱정을 하셨다. 벌초를 하는 일이나 떼를 새로 입히는 일, 몇 푼 안 되는 묘지 관리비마저 힘들어 하셨다. 피란처에서 할아버지가 쓰러져 병석에 계셨고, 수입이라곤 전혀 없어서 무척 곤궁할 때라, 한식이나 추석이 다가오면 걱정을 더 많이 하셨다. 곁에서 그 정경을 바라보면서 가세가 기울어 몰락하면 묘는 자손에게 고통과 부담만을 안겨줄 수도 있다고 깨닫게 되었다.

휴전협정이 이루어지고 서울의 재건이 진행될 무렵의 어느 날, 친정집에는 서울시청에서 보낸 공문 한 장이 날아왔다. 미아리묘지를 철거하고 주택지로 개발하기로 하였으니 한강 건너 말죽거리에 새로 생기는 공동묘지로 이장을 하라는 안내문이었다. 할머니는 어렵게 돈을 마련하여 아버지 묘를 이장하고 바로 윗자리에 할아버지와 할머니의 묘 자리도 사놓으셨다. 얼마 지나지 않아 할아버지가 돌아가셨고, 우리는 묘 자리를 마련해 놓은 것을 다행으로 생각하며 무사히 장례를 치렀다.

그 시절, 말죽거리로 성묘를 가려면 용산 시외버스터미널에서 시외버스를 타고 갔다. 버스는 언제나 초만원이었다. 한강을 건너 흑석동을 지나 국립묘지 옆 벼랑 아래를 돌아갈 때면 털털거리는 만원 버스가 비틀거리다가 바로 곁에 흐르는 강물에 빠져버릴 것 같아 마음을 조이곤 했다. 말죽거리에서 버스를 내리면 큰 내를 두 개나 건너가야 했다. 징검다리를 건너다녔으나 비라도 많이 내려 물이 불으면 건널 수가 없었는데, 삯전을 받고 업어서 건네주는 사람이 있어서 업혀 건너기도 했다. 돌아올 때는 봉은사 뒤에 있던 나루터까지 걸어가서 배를 타고 뚝섬 쪽으로 강을 건너오기도 했다. 할머니와 남동생과 함께 걸었던 넓고 넓은 들판, 밀짚모자를 쓴 농부들이 드문드문 보이던 논밭 길, 그리고 허리께까지 자란 갈대를 헤치고 걷던 갈대밭이 빌딩과 아파트 숲이 빼곡이 들어선 강남의 금싸라기 땅이 되리라는 것을 그때는 짐작조차 하지 못했다.

말죽거리 묘지도 강남이 급속히 개발되면서 옮겨간 지 몇 해 지나지 않아 폐쇄되었다. 우리는 또 다시 서울시에서 발송한 한 장의 공문을 받게 되었다. 할머니도 돌아가셔서 그곳에 묻히신 뒤라 우리 남매가 큰 결정을 내려야 하게 되었다. 동생은 다시 이장할 곳도 없으니 이 기회에 화장을 하여 강물에 띄우고 묘를 없애겠다고 주장했다. 이미 성인이 되어 아들까지 낳은 동생은 이것은 자신의 문제이니 누이는 잠자코 자신의 의사를 따라야한다며 내 의견을 들으려 하지 않았다. 그 때는 남편도 실직 중이라 내 형편도 말이 아니어서 하는 수 없이 동생의 주장에 따르게 되었다.

3년도 되지 않아 동생은 사고를 당해 남매를 남기고 세상을 떠났다. 올케는 동생을 화장했고, 조카들을 데리고 미국으로 이민을 떠났다. 동생이 죽고 나서 25년이 지난 오늘까지 나는 그 시절을 되돌아볼 때마다 깊은 슬픔과 후회에 잠긴다. 그때 동생이 그답지 않은 강한 주장으로 일처리를 한 것은 자신도 느끼지 못한 죽음의 예감 때문이었을까, 또 허술하게 조상을 모신 동티가 나서 동생이 죽은 것은 아닐까, 하는 의문을 되풀이하여 떠올리게 된다.

오래 전부터 나는 남편에게 만약 내가 먼저 죽으면 꼭 화장을 해달라고 부탁해 놓았다. 그 동안의 경위를 잘 알고 있는 남편은 내 생각에 찬성했고 자신도 화장을 하겠다고 약속했다. 이 비좁은 나라에 수많은 사람이 모두 매장된다면 이 땅은 묘지로 뒤덮이게 될 것이고, 여러 가지로 후손에게 부담을 줄 것이므로 화장을 해야 한다며 남편은 나와 마음을 합쳐주었다.

그런데 얼마 전부터 우리 내외 사이에 갈등이 일기 시작했다.

압록강 가에서 태어난 남편은 어쩌다 텔레비젼 화면에 고향의 풍경이 비치면, 흥분해서 나를 소리쳐 불러 녹화를 해달라고 부탁하고 그 화면을 되풀이해 보며 고향 이야기를 끝없이 이어가곤 했다.

"잘 되었네요. 당신을 화장하면 중국으로 가져가서 유골을 압록강에 뿌려드릴 테니 재빨리 헤엄쳐서 고향에 가슈. 나는 평생을 당신이 집에 가두어 사육해서 답답해 죽을 지경이니 반드시 넓고 넓은 태평양 바다에다 뿌려 주구요. 그러니까 결국 우리는 죽은 후에는 아주 이별하는 거예요."

그 후, 남편은 묘지에 대한 이야기를 슬그머니 꺼내기 시작했다. 휴전선 근처에 실향민 묘역이 생길 모양인데 신청을 하면 어떠냐고 묻거나, 어딘가 깊은 산골에 묘 자리를 알아보고 있다거나, 당신이 바다를 좋아하니 바다가 내려다보이는 언덕에 묻히면 어떨까 하는 이야기였다. 그럴 적마다 남편의 변심을 나무라고 내가 갈 곳은 태평양뿐이라고 못 박아 말하며 남편의 심경 변화를 재미있어 했다. 그러던 어느 날, 남편은 묘지에 대한 확실한 결론을 내렸다며 내게 단호한 어조로 말했다.

"아들이 3형젠데 죽은 다음엔 아들의 결정에 맡겨야지. 별 수 있나?"

그 한 마디가 있고나서 남편은 묘지 이야기를 꺼내지 않게 되었다. 이제는 나도 내 아들들이 청개구리의 잘못을 따르지 않도록 기원하는 수밖에 다른 도리가 없음을 깨닫고 있다.

(2002 철학과 현실)

그래도 우리의 햇빛은 있더라

지지난 해 추석 이튿날, 50대 중반의 부부로 보이는 낯선 남녀가 우리 집을 찾아왔다. 대문을 열자 그들은 정중히 인사를 하며 뒷집을 사서 빌라로 개축을 하려는데 혹시 집을 파실 의향이 있으신가 해서 방문했다고 말했다. 공사가 시작되면 무척 힘들 것이니 적당한 값에 집을 팔라는 얘기였다. 남자는 격에 어울리지 않게 공손한 태도로 말했고 여자는 몸을 흔들며 잘 사귀어 보자고 애교를 떨었으나, 내게는 그들이 협박을 하는 것으로 느껴질 뿐이었다. 우리는 40년 가까이 이 집에서 살아 정이 많이 들었고 이사 갈 필요도 느끼지 않는다고 대답하며 혹시 우리 내외가 죽었다는 소식을 들으면 그때나 한 번 와 보라고 말했다. 날아온 돌이 박힌 돌 빼낸다는 말이 있긴 하지만, 사놓은 집이나 잘 지어 이웃으로 지내자는 말을 덧붙이며 나의 최대 관심사인 대지 경계선과 신축 건물과의 거리는 얼마나 되느냐고 물었더니 1미터라고 하기에 그 정도면 괜찮겠다 싶어 입을 다물어 버렸다.

공사가 시작되자 우리가 겪는 고통은 이루 말할 수 없을 정도였다. 집짓기가 끝날 때까지 오만 가지 소음에 시달렸고 먼지와 쓰레기가 쏟아져내려 우리 뒷마당과 지붕 위는 쓰레기통이 되었으며 레미콘차를 비롯한 온갖 차량과 자재더미로 집 앞 비좁은 골목길은 통행 불가능 상태가 되곤 했다. 가장 힘든 일은 수없이 들고나는 낯설고 거친 남자들과 구비구비에서 마주치는 일이었다. 그들은 우리 집은 물론 다른 이웃에게 그토록 폐를 끼치면서도 미안한 기색이나 배려는 전혀 없었다. 공사장 감독이란 사람은 현장에 있다가도 핸드폰을 사용할 때는 소음을 피해서인지 내방 들창 밑에 와서 악을 써대서 그 목소리만 들어도 혈압이 치솟곤 했다. 조용하고 한적하던 우리 골목에 다시는 평화가 돌아올 것 같지 않았다.

늦가을에 시작된 공사는 이른 봄철에야 끝이 났다. 1미터는 띄어놓는다던 말과는 달리 사람 하나 겨우 지나갈 정도로 바투 집을 지었다. 나도 담 위에서 수월하게 그쪽 창문 안으로 넘어설 수 있었다. 공사가 시작될 무렵 설계도를 보고 항의했으나, 건축주는 자기는 건축법에 따랐을 뿐 1미터 소리는 한 적도 없다고 나보다 더 큰소리로 호통을 쳐댔다. 그는 운수도 좋아서 삽시간에 집을 모두 분양해 버렸다.

그러자 그 집 뒷집, 현이네가 빌라 건축을 시작했고, 우리 집 남서쪽 축대 위에서도 공사가 시작되었다. 꽤 큰 이층집 두 채가 있었는데 한 업자가 몰아 사서 16세대를 짓는다고 했다. 뒷집과 달리 남서쪽에 거대한 성벽이 들어서니 더 기가 막혔다. 공사장 소음이 문제가 아니었다. 햇빛을 잃었고 바람마저 잃게 되었다. 장마철이 시작되면서 공사현장의 하수도를 방치한 채 공사를 하여서인지 우리 지하실에서는 전에 없이 샘이 콸콸 솟아올랐다. 구청 건축과로 설계사무소로 감리까지 찾아 항의했으나 속수무책이었다. 도급을 맡은 건설회사의 현장소장이라는 젊은이가 싹싹해서 말받이를 잘 해주고 우리 집에 드나들며 여기저기 잔손갈 곳도 손질해주며 나를 토닥거렸다. 초가을에 건물이 완성되어 분양이 시작되었다. 커다란 플래카드를 건물은 물론 골목길과 큰길에까지 요란하게 걸어 놓았다. 그들이 내건 분양 캠페인은 '기차게 전망 좋은 집, 북한산 비봉이 눈앞에 펼쳐지는 집'이었다. 우리의 햇빛과 우리의 바람을 빼앗고 나서 하는 말로는 너무 잔인하다고 생각되었다. 집 앞을 지나가는 현장소장을 불러 세워 한 마디 했다. 건축주가 위로의 말 한 마디 없고 얼굴 한 번 내비치지 않고 남의 동네에 와서 고통을 주었으니, 나는 이제 분양이 시작되기 전에 우리 지붕 위에 플래카드를 걸어 항의 시위를 하겠다고 했다. 젊은이가 의아한 얼굴로 나를 쳐다보았다.

"플래카드에는 2004년 고층 아파트 신축 예정지라고 쓸 거야. 주인에게 전해요, 플래카드 맞추러 가더라고."

그런데 한 가지 위안되는 일이 있었다. 앞집에서 자기네는 이대로 사는 것이 소원이니 이사가지 말고 의지해서 함께 살자는 말이었다. 이제 우리 동네에 단독주택은 우리 두 집만 남았다. 언제까지 버틸 수 있을지, 나는 왜 이 집에 미련을 버리지 못하는지……. 40년을 마주보며 살던 복덕방 영감의 태도도 서먹서먹해지고, 두 달에 한 번 경로요금으로 머리를 잘라주는 미장원에도 괜히 미안하고, 두 내외 살림이라 이따금 두부나 한 모 팔아주는 구멍가게에도 미안한데…….

새봄을 맞고 여름이 무르익고 있다. 햇빛도 바람도 잃어버린, 우물 속에 빠져버린 것 같은 뜰에 신기한 일이 일어났다. 모과나무 감나무 호두나무 귤나무에 다른 해보다 더 많은 꽃이 피더니 열매도 많이 열렸다. 고추와 호박도 무수히 열리고 있다. 윗집 때문에 그늘이 져서 일조 시간이 줄어든 만큼 나무들은 햇빛을 따라 더 높이 자라고 더 넓게 가지를 벋는가 보다. 나는 자연의 위대함에 새삼 감격하며 이웃에게 쏟아낸 내 모진 말을 후회하고 있다.

부동산 경기의 위축으로 현이네는 아직 한 채도 팔지 못했고, 축대 위의 전망 좋은 빌라도 몇 채 팔지 못한 듯 어두워져 깜깜나라다.

(2004 계간 수필)

현대수필가 100인선 · 41
오경자 수필선

화해

초판인쇄 | 2009년 4월 5일
초판발행 | 2009년 4월 10일

지은이 | 오 경 자
펴낸이 | 서 정 환
펴낸곳 | 좋은수필사

주 소 | 서울시 종로구 익선동 30-6
운현신화타워 빌딩 3층 305호
전 화 | 02)3675-5635, 063)275-4000
등 록 | 1984년 8월 17일 제28호
홈페이지 | http://www.shin-a.co.kr
e-mail | essay321@hanmail.net

값 7,000원

ISBN 978-89-5925-310-4 04810
ISBN 978-89-5925-247-3 (전 100권)